LAZAK（在日コリアン弁護士協会）編
板垣竜太、木村草太
金昌浩
金哲敏
金星姫
金竜介
具良鈺
宋惠燕
韓雅之
李春熙

ヘイトスピーチはどこまで規制できるか

影書房

まえがき

本書は、二〇一五年一二月五日に在日コリアン弁護士協会が開催したシンポジウム「人種差別撲滅のために～ヘイトスピーチはどこまで規制できるか」の記録である。

「ヘイトスピーチが社会問題となって数年以上、法律家は何らの処方箋も示さず、延々と議論のみ続けてきている。そこには、マジョリティであることからくる想像力の限界、もしくは余裕のようなものがあるのではないだろうか」

「マイノリティはこの状況に疲れ果てている。加害者らに対して疲れ果てているのではなく、むしろ味方だと思っていた人権派の人々を説得するのに疲れ果てている」

これは、青年法律家協会弁護士学者合同部会の機関誌に掲載された和田義之弁護士の論稿からの抜粋である。これほど当時の空気を的確に表現した文書を私は知らない。

ヘイトスピーチが被害者にどれほどの苦しみを与えるものであるか。新大久保や鶴橋のヘイトデモが日本各地に拡大していったときにも、多くの弁護士や学者は、その被害の苛烈さを正確に理解しようという意欲を見せなかった。「あんなものは気にするな、無視すればいいんだ」、「いいたい人にはいわせときなよ」。そんな言葉を社会的強者が平然と口にしていた。ヘイトスピーチの標的は、日常的に虐げられている社会的弱者であるとの事実をマジョリティは看過し続けた。

人種差別撤廃基本法を求める議員連盟が、参議院法務委員会に「人種等を理由とする差別の撤廃のための施策の推進に関する法律案」（人種差別撤廃施策推進法案）を提出し、人種差別の撤廃・禁止を明示する国内法案が初めて国会で議論される一方で、多くの弁護士や学者の関心は、ヘイトスピーチの根絶に向くまでにはいたっていなかった。これが二〇一五年当時の実情であった。

私たち在日コリアン弁護士協会（略称・ＬＡＺＡＫ）は、法律の専門家という面とヘイトスピーチの被害当事者という二つの面を有した団体である。法律実務の知識と経験を有する集団として論理の破たんはもちろん、議論の混乱や迷走は絶対に避けなければならない。そのためにシンポジウムの企画会議では、徹底した会内討論を行なった。パネルディスカッションで提示した「六分類」（一三三頁、一三九頁、一四七頁に掲載）は、類似のものはない当会独自のものであり、精緻な議論に耐えうるものであると自負している。

そして、多くの被害者が、差別煽動に圧倒されて沈黙せざるをえない現実のなか、在日コリアンであることを隠すことなく日本社会で生きることができている私たち弁護士が声を上げることは、極めて重要なことだ。私たちはその影響力を過小評価はしない。

「朝鮮人を殺せ」と路上で叫ぶ人間は、日本人全体から見ればごくわずかといえるであろう。多くの人は過激なヘイトデモを嫌悪する。しかし、私たちがこの社会に怯え、ときに絶望的になるのは、ヘイトスピーチを行なう人間の存在そのものではない。恐ろしいのは、ヘイトスピーチを行なう人間に共感をおぼえる人びとがこの社会で少数とは思えないことだ。ときに穏やかな笑顔で排除の言葉を口にする日本人たち。差別の煽動は、この国で連綿と行なわれてきたことではあるが、マジョリティがみずからの差別を直視することはなかった。ヘイトスピーチには「ひどいね」と否定する人びとが、自分が加わっている目の前の差別は見ようとしない、見えないという現実が存在する。

ヘイトスピーチの問題は、近年になってにわかに生じたものではない。歴史的なものであり、現代の政府や日本社会全般が抱えるレイシズム、東アジアの近現代史のなかで形成されてきたレイシズムという視点を欠いて理解できるものではないことを板垣竜太さんに語っていただいた。

また、ヘイトスピーチのない社会の実現は、憲法が求めているものであることを明らかにするために、明晰な知性と寛大で深い思いやりを備えた憲法学者の木村草太さんと議論することにした。

そうした試みが成功したシンポジウムであったと確信している。

本年（二〇一六年）五月二四日、「ヘイトスピーチ解消法」が成立した。ヘイトスピーチに抗する人びとの行動が国会議員を動かしたことは大いに評価したい。法成立に尽力した議員には敬意を表したい。

ただ、この法律は、ヘイトスピーチに限定したものである。ヘイトスピーチにとどまらず、レイシズム、人種差別全般に対して、当シンポで議論した内容——何を基準とし、どこまで、どう規制するか、日本社会としてどう対処するのかといった議論は、むしろ今後さらに活発に行なわれていくべきだろう。

日本社会における人種差別の撤廃のために、本書での議論が指針となることを強く望む。

在日コリアン弁護士協会　代表　金　竜介

▼本書は、二〇一五年一二月五日に東京で開催された在日コリアン弁護士協会（ＬＡＺＡＫ）主催のシンポジウム「人種差別撲滅のために～ヘイトスピーチはどこまで規制できるか」（於・連合会館）の内容に加筆・修正したものに、「人種差別の違法性を認定――京都朝鮮学校襲撃事件判決」（具良鈺）と、「座談会・シンポジウムを終えて」をあわせて収録したものです。

▼シンポジウム当日のプログラムは以下のとおりです。基調講演：「日本のレイシズムとヘイトスピーチ」（板垣竜太）／報告１：「ヘイトスピーチによる被害の実態」（金星姫、安原邦博）／報告２：「アメリカにおけるヘイトスピーチ規制」（金昌浩）／パネルディスカッション：「ヘイトスピーチはどこまで規制できるか」（板垣竜太、木村草太、金哲敏、金竜介、李春熙）

〔編集部〕

ヘイトスピーチはどこまで規制できるか　目次

contents

パネルディスカッション

ヘイトスピーチはどこまで規制できるか

LAZAKメンバーによる座談会

シンポジウムを終えて

基調報告

日本のレイシズムとヘイトスピーチ

板垣竜太

◆はじめに

問題へのかかわりの経緯

本日の主題はヘイトスピーチの法的規制ですが、私自身は法律関係者ではありませんので、その問題について考えるための歴史的な、または現在の素材を提供したいと思います。

私の専門は朝鮮近現代社会史です。著名な人たちの歴史ではなく一般の人の歴史、巷を生きた人たちの近現代の経験を研究してきました。在日というよりは主として朝鮮半島の研究にとりくんできました。

研究を進めながらも、一九九〇年代後半から二〇〇〇年代にかけて歴史教科書問題などにかかわるようになりました。また二〇〇二年（小泉首相訪朝・日朝首脳会談）ごろを転機として北朝鮮、韓国、あるいは在日に対するバッシングが高まってきたことに危機感をもっていました。そうしたなか、二〇〇五年に『マンガ嫌韓流』（山野車輪著、晋遊舎）が出版されました。表紙では「嫌」が赤い字、「韓流」は青い字で書かれているので、「韓流」が「嫌い」という意味にみえますし、私も最初はそういう本だと思っていました。しかし実際には、「嫌韓」と「流」のあいだで切る、つまり「韓」が「嫌い」という意味です。その「韓」も単に「韓国」ということではなく、韓国も、北朝鮮も、在日も、「韓」に関係するものはすべて「嫌い」というマンガです。ヘイト・マンガと呼んでいいと思います。これが一般の書店で平積みになり、発行部数は累計百万部超といわれています。その内容が、それまでの朝鮮史研究や在日という存在を否定するものであったので、さらに危機感をおぼえて、知り合いの研究者と『日韓新たな始まりのための20章』（岩波書店、二〇〇七年）という「嫌韓流」批判の本を出版しました。出版社側が『マンガ嫌韓流』批判と一見してわかるタイトルにすることを嫌がったために、何の本なのかがわかりにくいのですが。

私は一一年前に京都に住むようになってから、京都の朝鮮学校とかかわるようになりました。ゼミで学生と一緒に朝鮮学校に行なったり、実習で調査報告書をつくったり、あるいはチャリティ・コンサートをはじめとした支援運動をしてきました。そうしたなか、二〇〇九年一二月に京都の朝鮮学校への襲撃事件が起きてしまいました。

この朝鮮学校への襲撃事件については、あとからも話しますが、「ついにここまで来てしまった」「日本社会はこんなことが起きることまで許してしまった」という暗澹たる思いをもっています。それで、意見書（「朝鮮学校への嫌がらせ裁判に対する意見書」『評論社会科学』一〇五号、二〇一三年）を書いたりなど裁判運動にもかかわってきたという経緯があります。

法務省キャンペーンにみる三つの問題

二〇一四年、国連の人種差別撤廃委員会が日本政府に対しヘイトスピーチ問題への対応を求める勧告を出しました。これを受けて、弥縫策《びほうさく》として法務省が啓発事業を開始することになり、パンフレットを作成したりしています。そこには次のようにあります。

「近年、特定の民族や国籍の人々を排斥する差別的言動がいわゆるヘイトスピーチであるとして社会的関心を集めています。こうした言動は、人々に不安感や嫌悪感を与えるだけでなく、人としての尊厳を傷つけたり、差別意識を生じさせることになりかねません」

すっと読めてしまう文章ではありますが、私はここに三つの問題があると考えています。

一つは「近年」といういい方です。たしかに、目立ったかたちで「ヘイトスピーチ」という言葉が聞かれるようになったのは近年かもしれません。しかし、はたしてこれは新しい現象でしょうか。また、「ヘイトスピーチ」が特殊言動であるかのように書かれていますが、特殊な人たちによる特殊な言動ということですまされる問題でしょうか。このような言動が「差別意識を生じさせる」以前には「差別」はなかったのでしょうか。これが二点目です。

さらに、例えば「いじめをなくしましょう」というかのように、あたかも法務省はこのヘイトスピーチないしはレイシズムの当事者ではない、少なくとも「やる側」ではないという、当事者意識のなさとでもいうべきものがここにあらわれています。啓蒙的に教え諭せばこれは消えるものだという認識があらわれていると思います。

法務省のキャンペーンが示しているこれら三つの特徴に対して、私は次のような側面からヘイトスピーチをめぐる問題を考えています。**図1**のAが法務省キャンペーンのような考え方、Bがこの講演で提示する考え方を図示したものです。

まず、法務省は「歴史」と「現在」を切りはなし、「特殊な団体」による「特殊な現象」ということで切りとってとらえていますが、これは必ずしも新しいとはいえない、歴史的な現象であると考えています。

もう一つは、これが社会的・制度的なレイシズムの問題であるということです。「レイシズム」は「人種差別」、「人種主義」と一般的には訳されますが、日本でこれまで「民族差別」と呼ばれてきた問題も当然ここに含まれます。レイシズムを「人種差別」や「民族差別」のどちらか一方で訳すと、それが指し示す内容が別々のもののようにみえてしまいます。ですから、国内外の問題をつなげていくためにも、あえてカタカナのまま「レイシズム」と私は使っています。

図1　**問題のとらえ方**

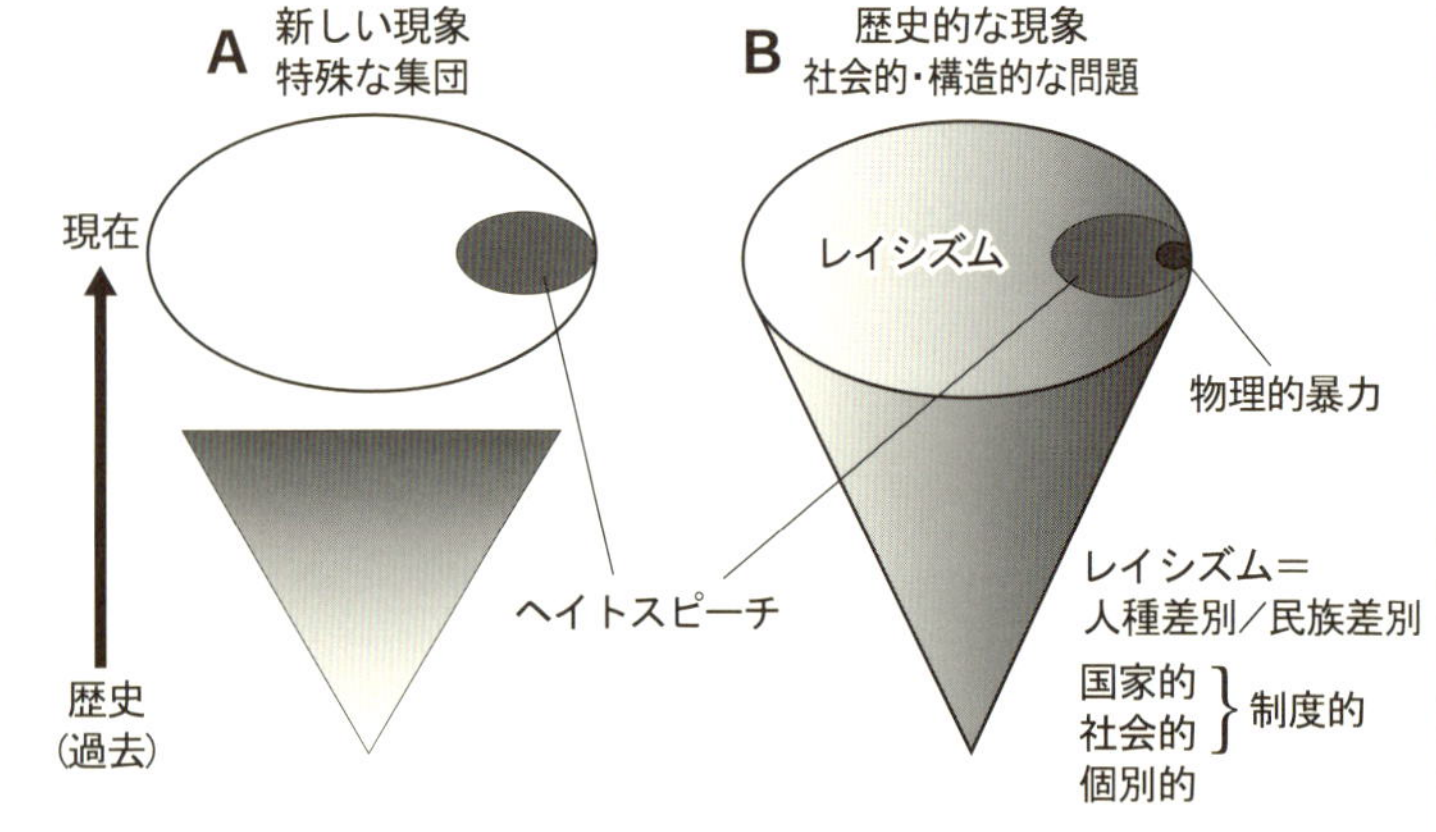

レイシズムには、国家的なレベルのものと、社会のレベルのもの、個別的な事件として起こるものなど、さまざまなレベルがあります。このうち国家的なもの、社会的なものをあわせて、「制度的レイシズム」といういい方をしておきます。

そして、「レイシズム」という大海原にある島のように突出して浮かび上がってきているものが「ヘイトスピーチ」といえます。ヘイトスピーチがさらに物理的暴力をともなった場合には、京都朝鮮学校襲撃事件のように現行の刑法でも違反になることもある。これは「ヘイトクライム」と呼ばれています。さらに暴力が拡大すれば、ナチズムでのユダヤ人虐殺のようなジェノサイドにまでいたることもありえます。つまり、物理的暴力はヘイトスピーチに基礎づけられ、ヘイトスピーチはレイシズムに基礎づけられるといえます。

レイシズムがあるかたちをとってあらわれているのがヘイトスピーチである。そうした観点から、私はレイシズムという問題を中心にヘイトスピーチ問題を考えていきます。

◈1　当事者意識のなさの歴史性

近代日本のレイシズム認識

私は、現代社会の多くの問題は近代に重要な起源があると理解していますので、日本のレイシズムも近代から考えていきます。歴史を遡《さかのぼ》るのは、「かつてはそうだった」と、現在から切りはなされた過去を知るためではなく、現在を規定している力の在処《ありか》を探るためです。

歴史的にレイシズムを考えようとした場合、欧米ではレイシズムの概論、通史がたくさん書かれています。しかし、日本には「レイシズム通史」がいまだありません。各論はありますが通史はない。それがないなかで、一つの見取り図のようなものを示してみます。


まず、近代の日本・日本人におけるレイシズム問題をみると、そこにはある種の「二重性」があると指摘できます。欧米がヘゲモニーを握った近代世界では、「白人」が人種秩序の頂点にあるとされ、「有色」人種がその下にあるとみなされる、いわば白人至上主義（white supremacy）が構築されてきました。これを「ザ・レイシズム」だとみなした場合、その秩序のなかでは「日本人」は差別される側に位置づけられます。日本政府あるいは日本社会が人種差別をこのようなものとしてのみとらえてきたことが、当事者性意識のなさの基盤になっていると思います。

しかしながら、その一方で、日本は大日本帝国という帝国主義国家となり、異民族を帝国のなかに抱えこみ、そこにいわば人種秩序をつくってきました。その秩序においては、日本人はまさに差別する側のマジョリティでした。ところが白人至上主義的なレイシズム観のなかで、大日本帝国の人種秩序もまたレイシズムであることが認識されづらい、可視化されないという側面がありました。これが、差別される側であると同時に、する側でもあったという近代日本の二重性の問題です。

これは単に、現在からするとそうみえるということではありません。遅くとも二〇世紀に入ったころには、「人種」や「人種差別」といった言葉が翻訳語として日本でおおよそ定着していました

図2

出典：MIT Visualizing Cultures, "YELLOW PROMISE / YELLOW PERIL" より
http://ocw.mit.edu/ans7870/21f/21f.027/yellow_promise_yellow_peril/gallery/pages/2002_6796.htm
（Massachusetts Institute of Technology © 2014 Visualizing Cultures）

ので、少なくとも戦前から「人種差別」という言葉に基づく自己理解はあったといえます。

しかし実際にその言葉によってクローズアップされたのは、白人至上主義のレイシズムでした。例えば図2はヨーロッパで描かれた日露戦争に関するカリカチュアです。ここでは「善良な白人」を「邪悪な日本人」が犯しているという、いわゆる「黄禍論」、つまり黄色い肌の人たちが欧米で悪さをしているという、白人世界での恐れ＝フォビアがクローズアップされています。こういう日本人差別があったことはもちろん事実です。そして、日本で「人種差別」といえば、このような黄禍論であるとか、アメリカ合衆国での日本人の排斥といったことばかりがクローズアップされていました。

第一次世界大戦の終結にあたってのパリ講和会議（一九一九年一月一八日～一九二〇年八月一〇日）で、日本政府は人種差別の撤廃を条文に盛りこむことを提案しましたが、最終的に否決されました。これは日本の右翼がいまでも大好きなネタです。ただここで注意すべきなのは、日本政府としては、大日本帝国内の人種秩序のことは念頭になく、日本人が、あるいはアジア人が欧米人に差別されているという認識しかなかったということです。だからこそこんな提案が堂々とできたのです。これについては当時から、日本政府は自分のところで人種差別をやっておきながら何をいっているんだといったツッコミが入っていました。

こうした被差別意識がさらにエスカレートしていき、いわゆる「大東亜戦争」や「新世界秩序」といったものにいたります。つまり、白人をアジアから追い出して日本がその盟主となり、新たな世界秩序をつくる、という「大東亜戦争」の大義名分へとつながっていきます。

そういう意味では人種問題とは、近代日本の核心部にある問題です。しかしながら、その「人種」概念、「人種差別」概念は、日本内部の問題を認識しえなかったという意味において、大変にゆがんだものだったといわざるをえません。

大日本帝国のレイシズム

大日本帝国のレイシズムがどのように作動していたのか、朝鮮人差別を事例に述べておきたいと思います。この問題を考える際に、一つ大事なポイントがあります。当時のスローガンに「一視同仁」というものがありました。これは、天皇からみると、みんなが「わが民」、つまり天皇制秩序のもとではみな等しく臣下だという論理ですが、こうした帝国的な言説によって、現実の差別が隠蔽《いんぺい》されてきました。

ここで注意すべきことが二点あります。一つは、「同化」的な姿勢はそれ自体がレイシズムである、ということです。朝鮮人の側からすると、「同化」させられるというのは、朝鮮人的なるものを否定されるということです。ある集団的な存在を否定する、これがレイシズムでなくて何でしょうか。しかしこのような「同化」もまたレイシズムであるという認識が、日本の側からは抜け落ちている。同化は差別ではないからレイシズムではない、という錯視がここに生まれます。

もう一つは、実際にはさまざまなかたちで差別が起きていたことです。肌の色のような視覚的な要素では簡単に区別はできないので、それ以外の多様な論理や指標が用いられていました。例えば、朝鮮人は「民度が低い」から法的な差別があっても仕方がないという論理。あるいは「不潔」、「にんにく臭い」といった感性のレベルでの差別。言語もありました。例えば関東大震災のときに、「一五円五〇銭」としゃべらせ、その発音が虐殺の対象を見わける指標に使われたのはよく知られています。攻撃されるのは「反日」的な言動をしているからだといった正当化の論理もありました。あるいは、朝鮮が「停滞」していたから日本が助けてあげたという恩恵論から形成される日本人の優越感というかたちもありました。こうした、必ずしもぱっとみてわからないところで、近代日本のレイシズムは作動していました。

日常的には目にみえないかたちでの制度的な差別としては、戸籍制度が重要です。当時、日本の内地の戸籍と朝鮮の戸籍とは別になっており、本籍によって「日本人」か否かが区別できる制度になっており、それが教育や賃金などの問題に転化されていきました。

こうしたかたちで作動していたのが近代日本のレイシズムです。その作動方式の多様性が、日本人をして自らをレイシズムの主体だとの認識を弱めさせるしくみになっていたともいえます。

帝国解体後の問題の位相変化

敗戦後、大日本帝国のレイシズムはどうなったか。敗戦で日本は植民地、占有地を一挙に喪失しますが、この経験はすべて「戦争に負けた」という「戦争」問題への意識の収斂をもたらしました。日本の敗戦とは、同時に脱植民地化や脱帝国の始まりだったわけですが、そのような認識が抜け落ちていましたし、また、戦後にはある種の被害者意識のようなものすら生まれました。

しかし、日本政府の内部での反応はすばやいものでした。当時の外務省も大蔵省も、どうやって賠償問題を切りぬけようかと、一九四五年から早速計算しはじめていました。だいぶあとになって流出した資料によれば、日本政府は一九四五、六年あたりから植民地問題に関する内部報告書の作成を急速に進めました。そこで、日本は植民地に恩恵を与えた、「持ち出し」だったという「恩恵論」を固めました（宮本正明「敗戦直後における日本政府・朝鮮関係者の植民地統治認識の形成」『研究紀要〔世界人権問題研究センター〕』一一号、二〇〇六年）。その基盤の上で、日本政府のレイシズムの当事者意識のなさは温存されることになります。

そうした状況下で、在日朝鮮人・台湾人は「皇国臣民」から「外国人」という扱いになっていきます。このこと自体は、朝鮮人側からすれば日本の支配から脱するという積極的な意味をもっていたのですが、同時にそれは、日本政府が国籍条項によって差別待遇を正当化する基礎にもなっていきました（田中宏『在日外国人　第三版』岩波新書、二〇一三年）。

結果として、在日朝鮮人らへの差別については国籍がちがうから、日本の市民権をもっていないから、という論理ですまされるようになり、結局のところレイシズムという観点で問題をとらえることを阻んできたという歴史があります。

その結果として、在日朝鮮人が差別から抜け出したいのならば、日本国籍を取得するか、日本から出て行け、そうでなければ外国人として差別されたままでいろ、という三者択一を迫る権力構造が、日本政府、日本社会のなかで機能するにいたります。

日本には「民族」や「人種」といったカテゴリーが公的な制度としては存在していません。したがって、いったん日本国籍をとってしまえば、民族や人種、ルーツといったものがいっさい制度的カテゴリーから消され、公的には不可視のものになります。

以上のような戦前・戦後の権力構造が、レイシズムに関する日本の当事者意識の不在の源泉であろうと私は考えています。

◈2　レイシズムと国家

レイシズムと国家

次に、レイシズムを国家との関係からみていきます。大きく二つの問題を考えます。一つは政府・政治家の役割にかかわる問題、もう一つは国家間の外交的関係とレイシズムとの相互関係の問題です。まず前者からみていきましょう。

レイシズム研究者のヴィヴィオルカは、レイシズムと国家について次のように述べています。

「(レイシズムの)暴力が増えるかどうかは、政治制度に強く規定される。したがって、(中略)レイシズムの暴力は何よりもまず、正当な暴力行使を独占する国家に規定されるのである。それゆえ国家は暴力の発生に必然的に関与するし、また国家が暴力にどう対処するかによって、レイシズムの暴力の増大や減少が決まる以上、それに責任を負っている」

(ミシェル・ヴィヴィオルカ『レイシズムの変貌』明石書店、八四〜八五頁)

「正当な暴力行使を独占する国家」という表現は、社会学者のマックス・ヴェーバーの国家論からきています。その議論を少しいいかえると、「国家とは自らが正当なものと認めた以外の主体が暴力をふるうことを禁ずるような存在だ」ということでもあります。

「それゆえ国家は暴力の発生に必然的に関与するし、また国家が暴力にどう対処するかによって、レイシズムの暴力の増大や減少が決まる以上、それに責任を負っている」とは、国の姿勢にレイシズムの暴力が左右されるということなのですが、そもそも政府や政治家らがレイシズムの主体ないし源泉になっている場合、当然のことながら、民間のレイシズムの暴力もまた増大していきます。

この問題について考えてみましょう。

在特会、二〇〇九年一二月

京都朝鮮学校襲撃事件を例にとると、在特会が二〇〇九年一二月に京都朝鮮第一初級学校の校門前に押し寄せたときに吐いた罵詈雑言には次のようなものがありました。

「金日成、金正日の肖像画を掲げ、日本人を拉致した朝鮮総連傘下、朝鮮学校。こんなものは学校ではない」

「北朝鮮のスパイ養成機関。朝鮮学校を日本からたたき出せ」

こういった言葉を、なかに子どもがいる学校の前で吐き、刑事でも民事でもその責任が問われることになりました。

教育補助金制度と政治家の発言

さて、この翌年の二〇一〇年四月から日本ではいわゆる「高校無償化」制度がスタートします。公立学校の授業料無償化と私立学校の就学支援金制度という二つから成り立つもので、後者の場合、外国人学校も就学支援金制度の対象となっていました。にもかかわらず、朝鮮学校だけは施行当初は「留保」、最終的には「排除」されることになりました。

このように、高校無償化制度において朝鮮学校が排除されていく過程で、当時、野党だった自民党は「朝鮮学校は無償化の対象とすべきでない事を強く表明する決議」（二〇一〇年三月一一日）という声明を公表します。

「朝鮮学校には本国である北朝鮮が強く関与しており、教科書も労働党の工作機関である統一戦線事業部が作成しているとされ、純粋な教育機関ではなく、北朝鮮の体制を支えるためのイデオロギー学校・対日工作機関である疑いが強い」

この自民党の声明と、在特会が校門前で吐いたことはどれほどちがうでしょうか。いい方がひどいとか、やり方がひどいという点をはずして自民党のこの声明を読めば、相互に通じるものをもっていることがわかります。

ちょうど同じころ、大阪府知事だった橋下徹氏は、「北朝鮮という国と暴力団は基本的には一緒。暴力団とお付き合いのある学校に助成がいくのはいかがなものか」という旨の発言をします（二〇一〇年三月三日）。

この鶴のひと声によって、大阪府が朝鮮学校に毎年出していた約二億円の補助金はすべて打ち切られました。その結果、大阪の朝鮮学校では給与を出すのも困難になりました。これらはいずれも朝鮮学校襲撃事件から間もない時期のできごとです。

そのため、こうした政府や政治家のやり方に関しては、国連の人種差別撤廃委員会でも問題になりました。ちょうど二〇一〇年春は、日本のことを人種差別撤廃委員会が審査する時期にありました。審査中にはまだ高校無償化制度からの朝鮮学校の排除は決まっていませんでしたが、二〇一〇年四月の委員会の勧告では、朝鮮学校をこの制度から排除しろといっている政治家がいるが、この政治家の姿勢はレイシズムの問題として懸念があると表明されています。

さらに二〇一四年には、委員会の懸念どおりに日本の状況が進んでしまったことに対し、高校無償化制度からの除外や、地方自治体からの補助金の停止に対する懸念を示す勧告が出されています。

このように、在特会のような民間のはねあがりだけが問題なのではなく、「上」からのレイシズムという問題を考える必要があるのです。

国家間問題とレイシズム問題の絡まりあい

ここから透けてみえるのは、国家間の問題とレイシズムの問題が絡んでいるところに一つのややこしさがあるということです。これが第二の問題になります。もう少しいえば、日本と南北朝鮮との関係や、朝鮮半島の南北分断という矛盾に乗じてレイシズムがのさばっているのが現状です。

在特会らの主張の一つに、自分たちは国対国の外交問題に関して論評しているだけ、差別ではなく政治的意見表明にすぎないんだ、というものがあります。「北朝鮮」といえば何をいっても構わない、というようなマスメディアを含む社会的な雰囲気がその土壌にあります。自民党の声明や橋下氏の発言にみられるような政治家の態度が、かれらを勇気づけるとともに、その逃げ道を用意することになっています。もっとも京都朝鮮初級学校襲撃事件の判決では、政治的意見表明だったというかれらの主張が完全に退けられ、差別に主眼があったと認定され、「公益」性が一切認められていません。

国内マイノリティ・モデルの限界

ただ、その一方で、植民地支配から冷戦へと、二〇世紀の歴史のなかで形成されてきた在日朝鮮人の歴史は、南北朝鮮との関係を完全に切りはなして考えることができない、ということも確かです。そのため、在日朝鮮人に対するレイシズムの問題は、ある一つの社会のなかのマジョリティとマイノリティ間の関係というような、国内マイノリティ・モデルだけではとらえきれないと考えます。

欧米の近代レイシズムは、いわゆる白人らが黒人らを差別する白人至上主義の問題と、ユダヤ人差別、歴史的には「反セム主義」といわれてきたもの、この二つにかなり焦点がおかれてきました。いずれも歴史的に「本国」がありませんでした。ユダヤ人にとってイスラエルという国は二〇世紀半ばに人為的につくられたものでしたし、何世代にもわたってアメリカ大陸やカリブ海に住むことになった黒人は、帰るべきアフリカの国がなかった。こうした状況のもと、欧米の近代レイシズムは、ある社会におけるマジョリティとマイノリティの二者間問題としてとらえられがちだったと思います（図3）。

これに対して、かつて徐京植《ソキョンシク》さんが「「エスニック・マイノリティ」か「ネーション」か」（徐京植『半難民の位置から』影書房、所収）などでおっしゃったように、在日朝鮮人をめぐる状況は、南北に分断された本国にどうしても規定されざるをえません（図4）。もともと五〇〇年も続く朝鮮王朝があり、日本からの脱植民地化後も南北あわせて七千万ほどの人口を抱えた近代国家が対立を抱えたまま

図3　**国内マイノリティ・モデル**

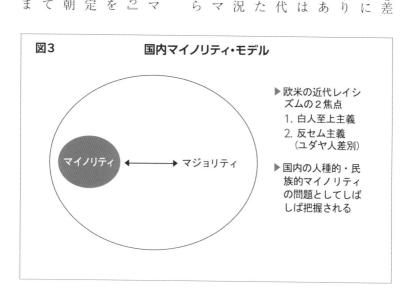

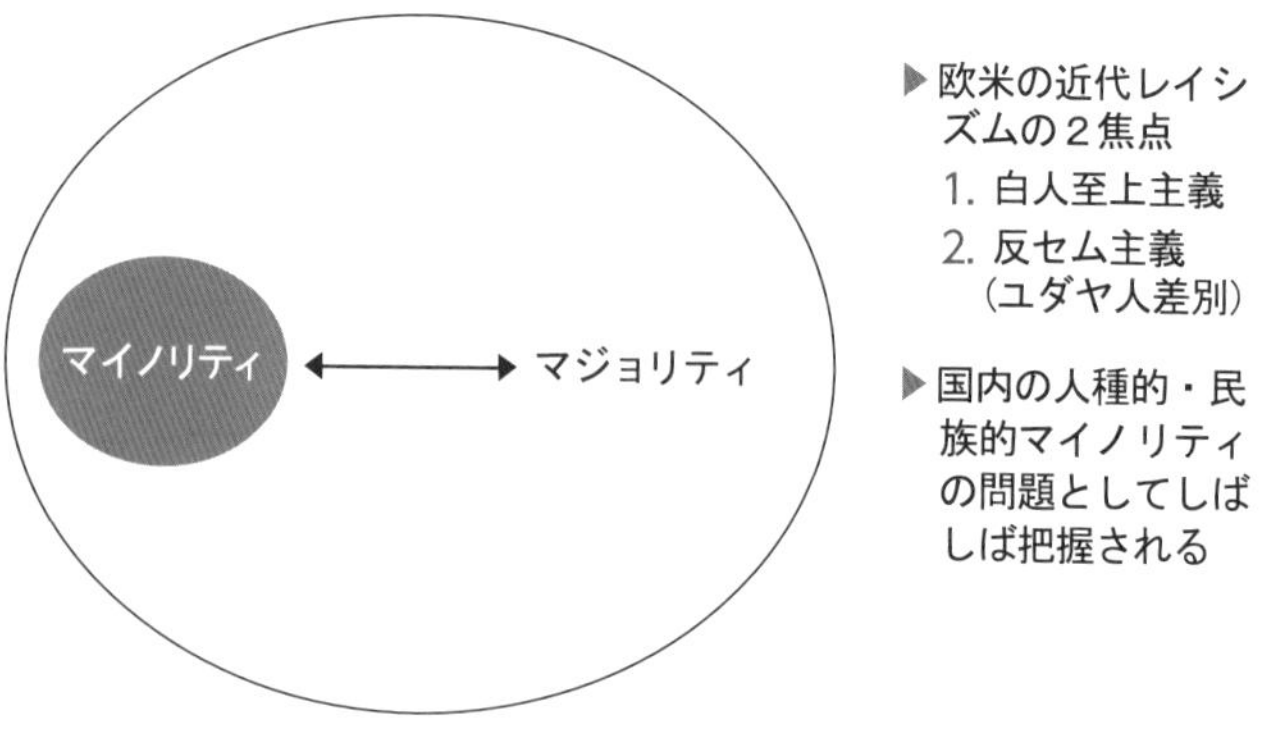
マイノリティ
マジョリティ
▶欧米の近代レイシズムの2焦点
1. 白人至上主義
2. 反セム主義（ユダヤ人差別）
▶国内の人種的・民族的マイノリティの問題としてしばしば把握される

日本のすぐそばにあります。この本国の分断状況が、個々人の意識を超えたところで、在日朝鮮人のなかで分断を生み出しており、ここに乗ずるようなかたちで日本のレイシズムが作動している、と私は考えています。外交的関係の論評をしているかのような装いのもとで、在日朝鮮人を攻撃するというようなことが起きる土壌は、そうした植民地支配と冷戦が絡まりあった近現代東アジア史にあるのです。

これは「日本型」か

二〇一四年に、樋口直人さんの『日本型排外主義――在特会・外国人参政権・東アジア地政学』（名古屋大学出版会）という本が出版されました。これは在特会などへの参加者へのインタビューをもとに、社会学の枠組みで日本の排外主義運動を実証的に分析したものです。この本に、「東アジア地政学」という言葉が使われており、日本のレイシズム・排外主義の特徴は、近隣諸国との関係によって外国人排斥の動きが規定される点と指摘し、これを「日本型排外主義」

図4　在日朝鮮人をめぐる状況

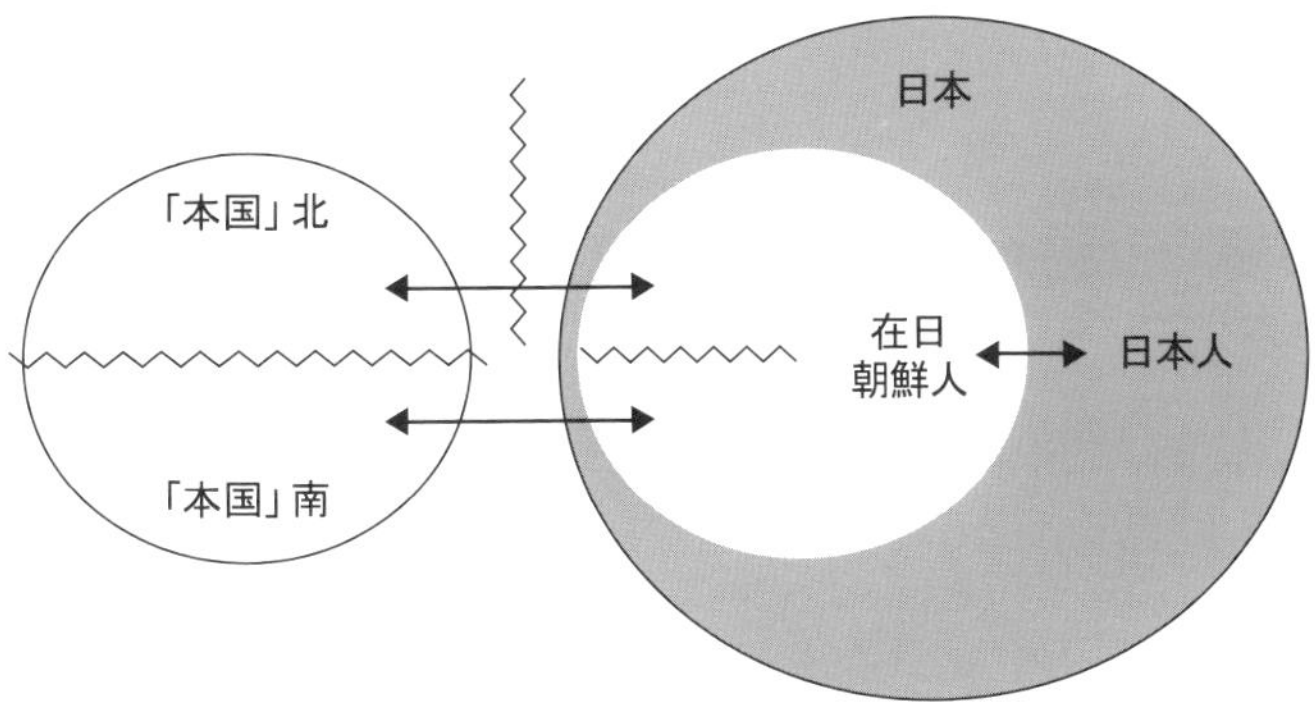

出典：徐京植「「エスニック・マイノリティ」か「ネーション」か」より作成

と名づけています。

私も、近隣諸国との関係によって外国人排斥の動きが規定されているという現状認識を共有しますが、考えるべき問題が二つあると思っています。一点目は、ここにでてくる国家間関係と在日朝鮮人との関係をどうとらえるかという点です。外交問題をマイノリティに投影して攻撃することが不当であることは確かですが、先ほどの国内マイノリティ・モデル批判の観点からして、だからといって南北朝鮮の存在を切りはなして在日朝鮮人の歴史と現在をとらえることはできないということも同時にあります。「日本のレイシズム」の問題解決は、一国的な枠組ではなく、「近現代東アジア史」の矛盾解決とともに進むべきことです。これについてはすでにお話ししたこととかかわりますので、これ以上は申しません。

ヴェールの政治学

もう一つ考えるべきことは、これが「日本型」と名づけるほどに日本独自なのかどうかという点です。

この点に関連していえば、例えば、『ヴェールの政治学』（みすず書房、二〇一二年、ジョーン・W・スコット著、李孝徳訳）という本があります。フランスでムスリム女性たちがさまざまな理由でヘッドスカーフの着用を禁止されていく、そのような法制度がなぜできたのかを歴史的に分析したものです。

二〇〇四年の法律では、ヘッドスカーフだけを禁止するといういい方ではなく、「（児童生徒の）宗教的帰属をあからさまに示す標章や衣服」を公立学校で着用することを禁止するといういい方をしながら、実際にターゲットになったのはムスリムのヘッドスカーフでした。敬虔なユダヤ教徒がかぶる帽子もあてはまるとかといったりもしましたが、それは後づけのような話であって、基本的にムスリムの女性たちをターゲットにした法律でした。さらに二〇一〇年九月には、ヘッドスカーフ一般ではないのですが、顔がみえなくなるほどの衣服は、道路など公の場では着てはいけない、という法律までできてしまいます。

一般にフランスでは、かつての宗教戦争やフランス革命などの歴史的経験があるので、公的なものは宗教的な色彩を帯びてはいけないという、いわゆる「世俗主義」が強くあります。そこから、この世俗主義の問題と、個人の尊厳・自由といったものをヘッドスカーフ自体が侵害しているといった論点が表面化したのですが、スコットは、それよりもこれをレイシズムの歴史にきちんと位置づけるべきだといっています。

そこで、アルジェリア征服以来のフランスの歴史のなかでヘッドスカーフ問題をみると、「フランス＝文明、イスラム＝野蛮」という図式がはっきりと出てきます。アルジェリアの独立戦争の過程で、「ヴェールの中に爆弾が入っているんじゃないか」と疑いのまなざしが向けられ、スカーフが引きはがされたりしています。また、イラン革命（一九七九年）、サルマン・ラシュディ事件（一九八九年）、一九九〇年代のアルジェリア内戦、さらに二〇〇一年の9・11など、「イスラーム」にかかわって何か起きるたびに、「テロ」や「原理主義」との関係でスカーフが攻撃対象となりました。「統合されない移民」という言葉で示される何ものかが、何かフランス共和制に対する脅威のように語られる、そういうレイシズムの歴史として認識すべきではないか、とスコットはいうわけです。

ヨーロッパでも近隣との政治情勢との関係、旧植民地出身者との関係でレイシズムが浮上してくることを考えると、現在の日本の排外主義が必ずしも「日本型」といえるかどうか、むしろ歴史構造的な共通性のなかで考えたほうが連帯への道を探ることができるのではないかと思います。

ヘイトスピーチの言語行為論

さて、もう一つ考えるべき問題があります。排外主義団体の一部が沖縄へ行き、米軍基地の前で「私たちはヘイトスピーチはしません」というデモをしていたりします。つまり、「米軍基地は日本から出て行け」「ヤンキー・ゴー・ホーム」というのがヘイトスピーチであり、自分たちはそんなことはしませんと排外主義団体の人たちが訴える、という奇妙なことが起きています。

ここで考えるべきことは、米軍基地前で「米軍は日本から出て行け」というのと、朝鮮学校前で「在日朝鮮人は日本から出て行け」というのとでは、何がちがうのかということです。深く考えるまでもなくちがう、といってもよいのですが、国家とレイシズムという問題においては重要な論点でもあると思います。

これらは、字づらだけみると、「日本から出て行ってください」という「同じ意味」をもった文章となります。一般的な言語学ではテキストの字づらを分析します。これに対して「言語行為論」という理論では、字づらを対象にした「事実確認的」(constative)な分析に対して、「行為遂行的」(performative)な分析を重視します。つまり、言葉を発すること自体を行為だと考え、それがどういう状況でどのような行為になっているかを分析します。例えば、「おい、おまえ、それ、ほら」

という言葉は、その字づらだけでは何の意味かわかりません。つまり、「事実確認的」な観点では意味の分析が不能です。しかし、ある状況と関係のなかではこれが何をあらわし何をさせようとしているのかは、はっきりしているわけです。「行為遂行的」な観点では、その言葉がいったい総体としてどのような意味をもち、どのような行為となっているのかを探ります。私は、ヘイトスピーチという問題を考えるときには、行為遂行的な分析が大事だと考えています。（参照：板垣竜太「言葉と暴力をめぐる断想――「ヘイト・スピーチ」を考える」、『インパクション』一九七号）

〈ことばの配置〉（バトラー）と国家の位置

ジュディス・バトラーというジェンダー論で著名な研究者は、言葉がどういう「配備」のなかにおかれているかをきちんとみなければいけないといっています。米軍基地には典型的な国家の暴力装置の道具立てが蓄積されており、地位も日米安全保障条約で制度的に保証され、軍人らにはアメリカ合衆国という帰るべき場所がある、そういう存在です。それに対して朝鮮学校は、制度的には排除され、自主学校としてしか運営ができず、もちろん暴力装置も存在しない。そして定住外国人として何世代にもわたって日本に生きている人たちが「帰れ」といわれている。圧倒的に言葉をめぐる「配備」がちがうわけです。

ただし、仮に米軍人の子どもたちが通っている民間の学校が日本にあるとして、その前で「おまえら出て行け」とやったら、これはまた話がちがってきます。言葉がどういう状況のなかで発せられているか、そこで国家がどこの位置にあるのかということが重要なポイントだと思います。

在特会側が朝鮮学校の前で、北朝鮮に何かを要求するつもりで何かをやったのだと主張していることの不当性は、こういう観点からも考えなければいけないのではないかと思っています。

◈3 「ヘイトスピーチ」の歴史性

「ヘイトスピーチ」の既視感

次に、ヘイトスピーチが新しいかどうかという問題について考えましょう。もちろん、インターネットによる動員など、さまざまな新しさはあります。ただ、朝鮮近現代社会史研究の立場からすると、むしろ既視感というか、ある種の「古さ」が目につきます。実際、朝鮮学校の関係者たちも「二一世紀のいまになって何でこんなことをまだいわれなくてはいけないんだ」と、その悔しさを語られています。

「不逞鮮人」「反日朝鮮人」「犯罪朝鮮人」「スパイ」「ヤクザ」——これらはすべて襲撃事件の際に朝鮮学校の周辺で吐かれた言葉です。こうした呼称だけでなく、「出ていけ」「日本からたたき出せ」「帰れ」といった命令もそうですし、「こんなものは学校じゃない」と民族教育を否定する言葉も新しくありません。あるいは暴力によって学校に押し入ろうとする行動そのものも、一九四九年前後に朝鮮学校が一度つぶされていることに代表されるように、歴史的に先例をみつけることができます。

それは、古いから問題ではないということではありません。むしろ逆です。まさに植民地下や冷戦下にくりかえされてきた暴力、殺人も含む暴力の歴史をまたこれらの言葉が反復しているがゆえに怖いのです。それは、バトラーの表現によれば「傷つけることば」が歴史性を帯びているということであり、トラウマ的な記憶と関連しているということです。それは個人のトラウマだけでなくて集団的トラウマを含めた記憶です。

近年〈排外的〉になっているか

では、何が反復させているのか。反復を感ずる側ではなく、行なう側についてみてみましょう。まず一つ確認しておきたいのは、これが「若者」の問題とは単純にいえない点です。例えば「外国人増加への賛成度（二〇〇五年）」というデータ（グラフ1）があります（田辺俊介編『外国人へのまなざしと政治意識』勁草書房、二〇一一年のJGSSデータによる）。これをみるかぎり、「最近、若者が……」とよく決まり文句のようにいわれますが、外国人増加への態度についていえばまったく逆で、むしろ高齢のほうが排外度は高くなっています。

ただ、こういう場合、たいてい特定の「〇〇人」ではなく、「外国人」という表現で調査されます。そのような一般的な表現では、「外国人」や「異民族」一般への寛容性と、特定の集団の特定行動への不寛容性が同居しうる、という問題がみえてきません。「一般的にはウェルカムだが、これはやめて」という態度、特に「これはやめて」の「これ」が何かについては、このような調査ではよくわからないのです。

「反日」というスイッチ

この「これ」は一体何か。言葉を考えれば、何が不寛容性のスイッチを押すのか。歴史的に考えて、そのキーワードは、カギカッコつきの「反日」です（参照：鄭栄桓「「反日教育」批判の系譜」、『人権と生活』三五号、二〇一二年）。『マンガ嫌韓流』でも、ターゲットには「韓国」「朝鮮」あるいは「中国」という名前がついていたり、あるいは国籍すら関係のない「左翼」というものが出てきます。ここから考えても、日本ないし日本人が何か被害を受けている、「侵略」を受けていると考えるときにレイシズムのスイッチが入ると歴史的にはいえます。

つまり、排外主義とは単なる上から目線というよりは、防御的・防衛的な形態をとるということであり、だからこそ「日本を守れ」みたいないい方とともに登場します。こうしたあらわれかたにこそ歴史性があります。

レイシズムの作動1（一九一九年〜）

グラフ1　外国人増加への賛成度（2005年）

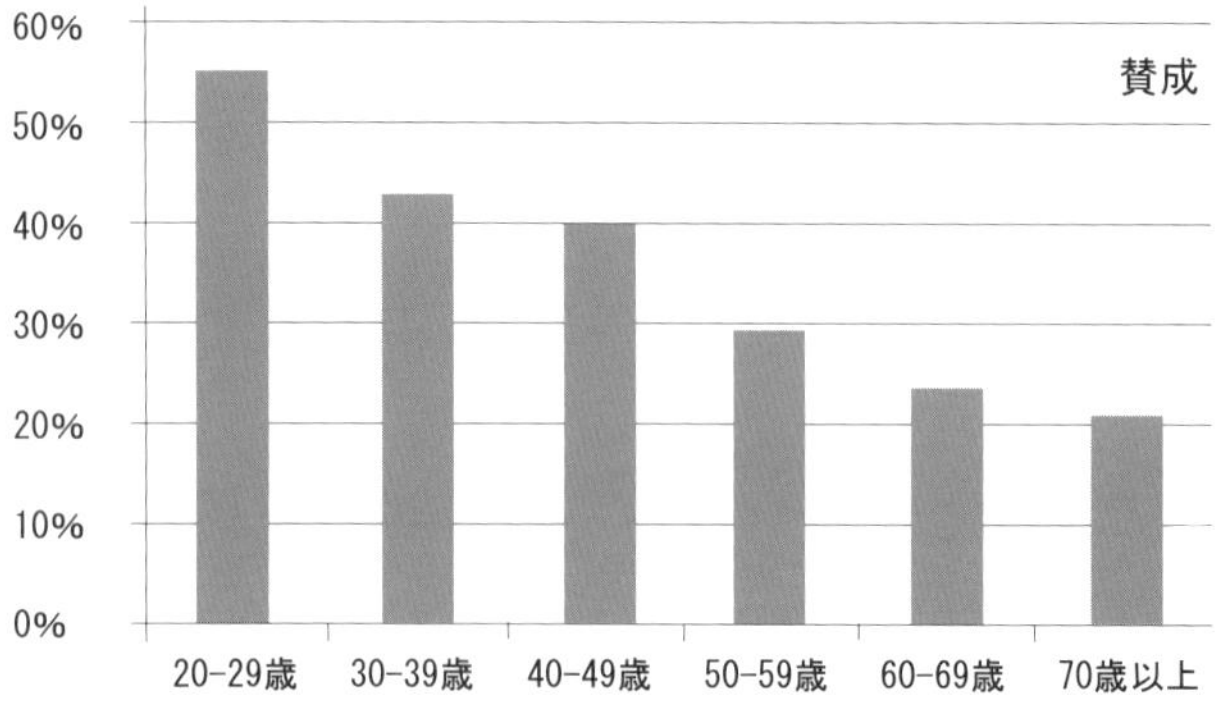

JGSS-2005データ

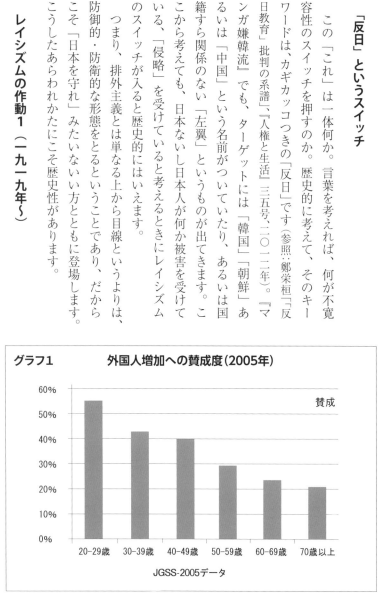

例えば、現代のレイシズム団体がネット上や路上で使う言葉に「不逞鮮人」があります。この言葉の使用は歴史学的に追跡されています。まず「朝鮮人」から「朝」の字をとった言葉がいつ出てきたかというと、日本が韓国を併合（一九一〇年）した直後からメディアが堰をきったように使いはじめます（内海愛子「「鮮人」ということば」『朝鮮人差別とことば』明石書店）（図5）。ここに「反抗的な」という意味の「不逞」がくっついて広まったのは、三・一独立運動（一九一九年）を契機にしています。

「反日」的、「反抗的」「反植民地」的な朝鮮人を無法なテロリストととらえ、それに怯えた上で、排斥するぞとすごむ、そのような力をもった言葉として登場しています。これが、関東大震災のときには、「不逞鮮人」が悪さをはたらいているといったうわさとなり、それを新聞メディアも煽るなかで虐殺が起きていきました（山田昭次『関東大震災時の朝鮮人虐殺』創史社、二〇〇三年。同『関東大震災時の朝鮮人虐殺とその後』創史社、二〇一一年）。まさにもっとも過激なかたちでレイシズムの暴力が起きた

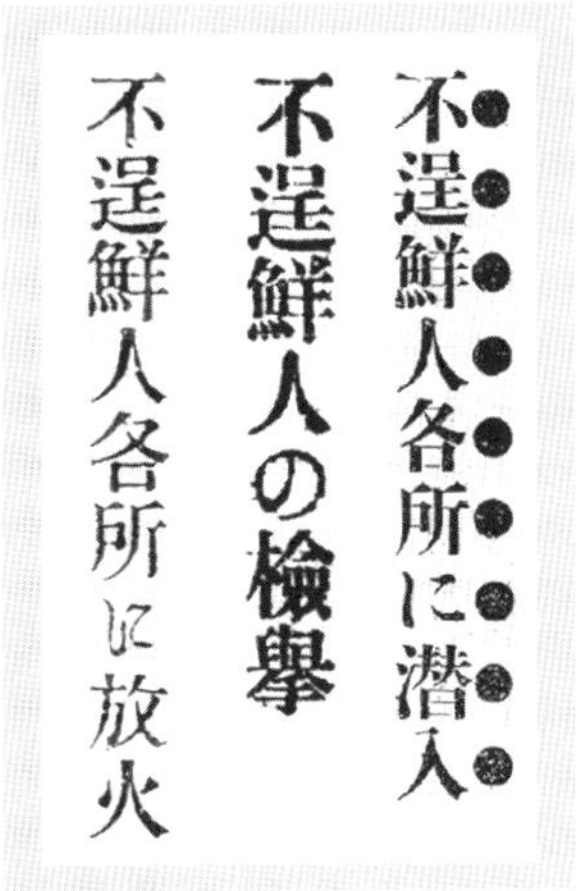

図5
出典：（右から）
「下野新聞」1923年9月4日
「報知新聞」1923年9月5日
「東京日日新聞」1923年9月3日

事例の一つです。こんな言葉が今日もまだ生き残っていて、ネット上でも大量に使われ、路上でもばらまかれるということこそが恐怖だといえましょう。

レイシズムの作動2(一九四五年〜)

「三国人」という言葉は、比較的近いところでいえば、石原慎太郎氏が都知事在任中(一九九九―二〇一二年)の二〇〇〇年に発したことで再度有名になりました。この言葉が最初に登場するのは戦後間もなくの日本のマスメディアにおいてで、定着していくのは、一九四六年八月の国会答弁においてあたかも政府の公式用語のように使われたのが起源です(水野直樹「「第三国人」の起源と流布についての考察」、『在日朝鮮人史研究』三〇号、二〇〇〇年)。字義どおりでみれば、敗戦国でも戦勝国でもない、第三国の人、という意味にすぎませんが、これには必ずある一つの風景が結びつけられます。闇市や列車内での不正・不法行為と結びつけられ、「三国人が悪さをしている」という使われ方をされます。敗戦で打ちひしがれた日本人に対して「第三国人」が喜んでいる、無秩序なことをやっているという使われ方しかされない言葉でした。

これをみて、当時の占領軍である米軍の一員でのちにハーバード大の教授となったエドワード・ワグナー(Edward W. Wagner)は、占領期の日本の官憲や議員の言行について、「獰猛なプロパガンダ」であるとか、「人種的憎悪」をばらまいている、「反朝鮮人的ヒステリー」になっている、と論評しています。彼は、その結果「在日朝鮮人は日本の市民・官憲から一層苦しめられることになった」といっています。これも「反日」的なものがスイッチとなって、レイシズムが作動した典型的な事例であり、その記憶が今日に呼び起こされているのです。京都朝鮮初級学校襲撃事件の裁判で、在特会側がわざわざ占領期の関連資料を証拠として出してきた、ということからしても、攻撃する側も意識的に歴史を参照していることがわかります。

レイシズムの作動3（一九五二年）

それから一九四九年に朝鮮人学校の閉鎖命令が出ると、それに対するさまざまな対処の一つのかたちとして都立学校の傘下に入るという動きがありました。それも最終的に一九五五年につぶされ、公教育制度外の自主的な学校として朝鮮学校を運営していくことになります。そのきっかけは、一九五二年のサンフランシスコ講和条約発行の際に、朝鮮人、台湾人から正式に日本国籍が剥奪されたことでした。国籍がないならこの人たちに金を使う必要がない、という論理になっていくわけです。

そこで読売新聞はいちばん派手に反朝鮮人学校キャンペーンを張りました（図6）。あまりひどいので読み上げ

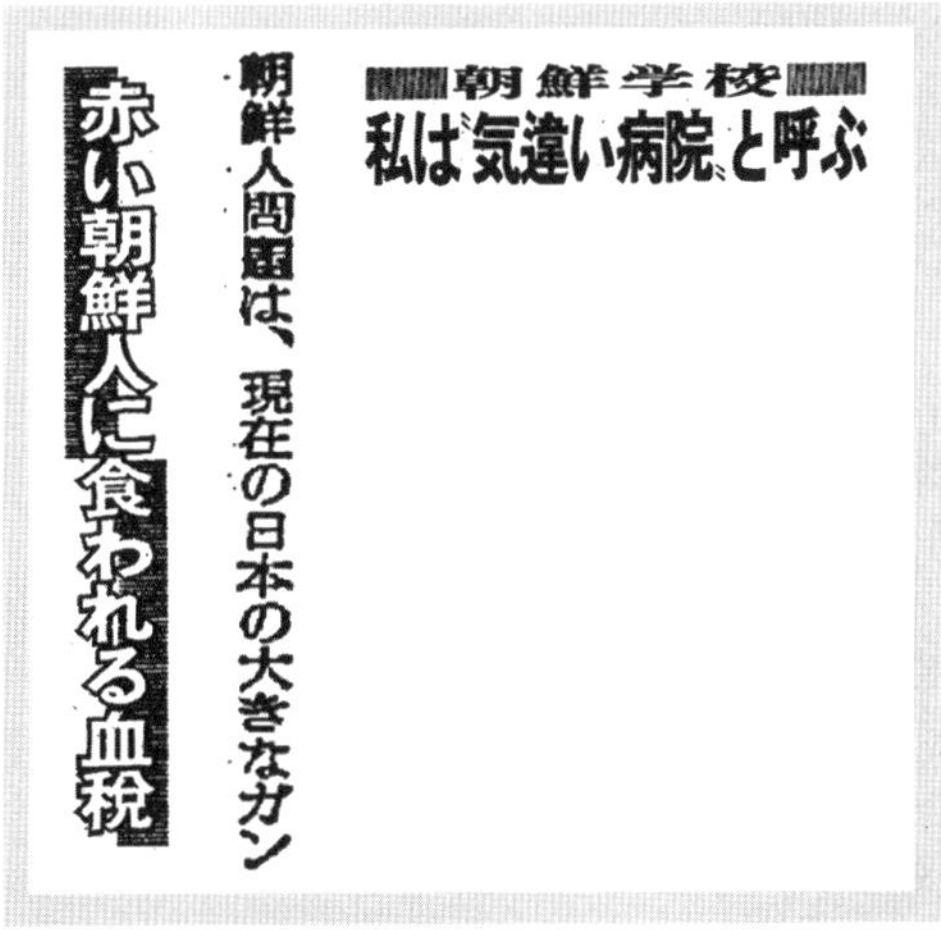

図6
出典：（左から）
「読売新聞」1952年8月7日
「同」社説 1952年8月27日
「同」1952年8月22日

たくはありませんが、例えば一九五二年八月七日の社説では「朝鮮人問題は、現在の日本の大きなガン」と掲げて攻撃するということがありました。ここでも、「アカ」という表現がみられるように、「反日」的な破壊活動と関連づけられて排除が作動したのです。

レイシズムの作動4（一九八五年）

少し近い時代の事例も出しましょう。一九八〇年代に、在日外国人だけが指紋押捺しなければならないことに対して拒否の運動が起きました。指紋押捺拒否者だった李《イ》相鎬《サンホ》さんは一九八五年五月に逮捕されます。それに対して、大阪府警外事課長の「いやであれば自分の国にお帰りになればいい」という発言がテレビのニュースで流されると、これを受けて六〇通をこえる脅迫状が二カ月のあいだに李相鎬さんのもとに届きました。当時、この脅迫状をすべて活字化し、それへの反論もあわせて掲載したのが『指紋押捺拒否者への「脅迫状」を読む』（明石書店、一九八五年）です。

その「脅迫状」を読めば、指紋押捺の拒否を「反抗」ととらえていることがわかります。このうちの五つを例に挙げてみましょう。

「此処は日本国日本人の国です。あなたの国は朝鮮である。よもや、さつかくして居るのではないか？（中略）不良外人は迷惑である。」（資料14）

「我が国の法律を守れなければ即刻退去を命ず。日本人の命に

は絶対服従を要求する。死ぬもまたよし。」（資料21）

「この日本で犯罪者の多い朝鮮人の指紋をとるのはあたり前だ。いやなら朝鮮へ帰れ。朝鮮人の悪い奴らめ。」（資料25）

「日本で反日運動するな。アンタの国の人間がいちばん悪い事を日本でしているんだ。スリ、ヤクザ、麻薬の密輸、密航と、民族的にも腹黒い民族だ。」（資料34）

「君は外国人である。日本を馬鹿にしている。法律を守らない者は自分の国に帰りなさい。」（資料41）（※上記引用末尾のそれぞれの資料番号は、引用文献中で用いられているもの）

いま路上でいわれているのと同じような言葉が並んでいます。こうやって、歴史的に何度もヘイトスピーチは反復されてきました。レイシズムのスイッチを入れた「反日」の中身は、そのときどきの歴史状況によって異なりますが、その作動の仕方には共通性がみられます。「新しい」からではなく、「古い」からこそ怖い、というのはそのような歴史的反復ゆえにです。

◈4　法的規制について

ここまで来てしまった

規制の問題が議論される際には、「このまま行くと」「このままほうっておくと……」という話になることがあるのですが、冒頭に申し上げましたように、二〇〇九年の京都の朝鮮学校への襲撃事件を知ったとき、私は「もうここまで来てしまった」という思いのほうが強くありました。なので、規制慎重論に対しては、議論を進めるにはまだこれ以上の何かが起きなければならないのかと、疑問に思うところがあります。

それは一九九〇年代の歴史教科書問題からはじまり、二〇〇二年九月一七日の日朝首脳会談をきっかけに反「北朝鮮」という空気が一挙に爆発する。直前の二〇〇二年五月三一日から六月三〇日には日韓共催ワールドカップが開催され、全般的には友好ムードだったわけですが、しかしここから反「韓国」的な議論もまたネット上に広まることにもなりました。そして二〇〇五年に『マンガ嫌韓流』の出版があり、以前なら考えられなかったような表現形態の出版物が売られるようになる。その延長線上で直接行動が多発します。在特会という差別団体が実際に路上に出て、行政にも働きかけたりしているうちに、朝鮮学校の襲撃事件にまでいたった。こうした蓄積があると思っています。

ここまでは許されるだろう、ここまではオーケーだろうと徐々に拡大してきた、たがが外れてきた、という感じです。

事件のインパクト

京都朝鮮学校襲撃事件のインパクトについては、中村一成《なかむらいるそん》さんの『ルポ 京都朝鮮学校襲撃事件』（岩波書店、二〇一四年）が非常にリアルに書かれているので、こちらをぜひ読んでください。

事件のあと提訴するまでに約半年の時間が経過していますが、この本は全体の三分の二くらい読んだところでようやく提訴の話にたどりつきます。つまり、当事者にとって司法に訴えるということがどれだけ大変だったかが読んでいてわかります。学校現場が混乱する。またいつ来るかわからないから警戒する、見守りをやらないといけない。子どもたちは傷つく。夜泣きやおねしょが再発した子、前より怖がりになる子、自己否定をする子。親たちは「守ってやれなかった」と、あきらめというか、申し訳ないといった思いで自分を責める。さらに、司法がどういう判断をするのか、立法・行政・司法のいずれに対しても朝鮮学校関係者にはどうしようもなく不信感があります。事件の少し前（二〇〇七年）に滋賀の朝鮮学校にいわゆる「車庫飛ばし」という微罪容疑で百人もの警察が捜査に入り、容疑とは関係のない資料を多数押収していくという「事件」もありました。それに、司法にろくな判断をされたことがありません。そうしたなかで裁判に訴えることがいかに困難だったかがよくわかると思います。

勧進橋にあった第一初級学校は、その後移転しました。襲撃事件後にグラウンドが使えなくなったことや校舎の老朽化が理由でした。まず二〇一二年に、第一初級学校が北区にあった第三初級学校に統合・移転しました。普通、統廃合は児童数の少ないほうが多いほうへ行くわけですが、その逆で、グラウンドをもった校舎のほうに移りました。その意味では勧進橋を立ち去ることが優先されたのです。そして二〇一三年には醍醐の新キャンパスに移転しました。醍醐の新キャンパスは、山の上にあって、いままでのキャンパスとはぜんぜんちがいます。大声を出してもだれにも聞こえない。焼肉の煙を出してもどこにも行かないという立地です。のびのびと教育することができます。

と同時に、市内という場所から山に撤退したというふうに見えなくもない。それでも、心おきなく民族教育を進められる環境を選んだわけです。キャンパス移転計画は前からありましたので、すべて襲撃事件がきっかけとはいいません。しかし、事件がこれを推しすすめたのも確かです。その意味で、悲しいことに、襲撃事件はものすごいインパクトと多大な負担を朝鮮学校に与えてしまったのでした。

人種差別撤廃条約はどこへ

考えてみてください。一九九〇年代以来のこうした流れが、すべて人種差別撤廃条約に日本が加入したあとのことであるのは、驚くべきことではないでしょうか。嫌韓流、路上でのヘイトスピーチ、その他のレイシズムをとりまく現状に、人種差別撤廃条約体制下の日本はまったく対処できていません。

そもそも人種差別撤廃条約は一九六五年に国連で採択されているのに、日本が加入するまでに三〇年かかっています。日本政府の加入がなかなか進まなかったポイントは二つでした。一つは、第4条（a）項の「人種的優越または憎悪に基づく思想のあらゆる流布、人種差別の煽動……」に対して「法律で処罰すべき犯罪であることを宣言すること」、すなわちレイシズムの刑事罰化への慎重論です。もう一つは、被差別部落をめぐる同和問題をここから切りはなしたい、という日本政府の思惑《おもわく》です。そのため、ずっと進まなかったのです。（人種差別撤廃条約第4条⇩四六頁参照）

それが一九九二年三月になって、当時の渡辺美智雄副総理・外相が「今国会が終わったら法務省と話してみたい。四分六分で締結した方がいいじゃないか」と答弁しました。そのへんを一つのきっかけにして条約加入の検討が進んだようです。

今回当時の新聞をあらためてみていて、おっと思ったことを一つだけ紹介します。外務省が法的規制の落としどころを模索していたことをうかがわせる記事です。

「外務省としては、（1）関東大震災のときの朝鮮人に対する流言飛語のような、人への暴力行為に直ちにつながる発言などに限って処罰の対象とする、（2）いきなり刑事罰の対象とするのではなく、まず国の機関による行政指導や行政処分を行なうという「二段階論」でいく――を中心に、条約加盟への糸口を模索している。」（『朝日新聞』一九九三年三月二一日）

いまの日本政府内にこのようなアイデアが受け継がれているのかどうかはわかりませんが、この程度であれば法的規制もありうるとの見通しをもっていたという情報は、今日想起しておいたほうがよいでしょう。

人種差別撤廃条約の批准まで

その後、村山連立政権が誕生し、そこで一挙に妥協的なかたちで推進されて一九九五年に条約加入となります。しかし条約に加入するものの、日本政府は4条の（a）（b）項を留保します。被差別部落問題も、例えば日本国憲法にもある「門地」という訳語も選択できた「descent」という語をわざわざ他に用例のない「世系《せいけい》」と訳すことでお茶を濁すなど、玉虫色的な解決をした上での加入でした。その結果、外務省内での法的規制の模索も結局は実現しませんでした。

二〇一四年の障害者権利条約の批准にあたって周到に準備された障害者差別解消法（二〇一三年）とくらべると、人種差別撤廃条約への加入は国内法や制度の実質整備をともなわないことを前提にしたものだったと思います。

国内法整備がなかった結果として、京都の裁判では人種差別撤廃条約を民事裁判にそのまま適用できないために、条約をどう取り入れるかに裁判官が苦心した様子が判決からうかがえました。

地裁判決（二〇一三年一〇月一七日）では、人種差別条約の第2条で、人種差別撤廃の責務を日本の政府と司法が負っているとあることを受けて、裁判所が法律を条約に則って解釈する責務があると主張した上で、加害者の「人種差別の動機」が賠償額を加重するという論理をとっています。現行法で不法行為であることをまず認めた上で、賠償の額を定めるにあたって、裁判所の責務として人種差別という動機を盛りこむという論理ですね。

高裁判決（二〇一四年七月八日）では、結論は同じですが、この部分の論理づけが変更されました。人種差別撤廃条約の趣旨が在特会らの悪質性を基礎づける、それが無形損害の大きさ、被害の大きさとして考慮されることで、結果的に条約の趣旨が実現されるという論理です。

つまり、地裁が「加害の動機」を重視したとすれば、高裁判決では「被害の無形損害の大きさ」を重視したわけです。この無形損害の様態を論ずる際に、単に教育一般の事業というのではなく、日本で「民族教育」を行なってきた実績が考慮に入れられることになったのは、注目すべきことではありました。

高裁判決がその後確定したとはいっても、そこにいたるまで裁判官も理論化にかなり苦心した様子があります。結果的にそうなったということであって、判決がこうなるとはかぎらなかったと思います。この判決の背後には訴えることもできない無数の泣き寝入りがあるということを、私たちは考えるべきだと思います。

法的規制をめぐって

こうしたなか、日本政府や地方自治体は啓発というレベルにいまだとどまっています。人種差別撤廃委員会の審査を受ける際に日本政府がいっていることはいつも同じで、表現の自由があるのでなかなか規制できないということです。

「我が国の現状が、既存の法制度では差別行為を効果的に抑制することができず、かつ、立法以外の措置によってもそれを行なうことができないほど明白な人種差別行為が行なわれている状況にあるとは認識しておらず、人種差別禁止法等の立法措置が必要であるとは考えていない。」（二〇一〇年一月、人種差別撤廃委員会への日本政府報告・第4条関連）

このように日本政府は、新たな立法をするほどの深刻な人種差別被害はないといい切っています。

京都の襲撃事件の前にあたる二〇〇八年八月の報告でも、事件直後の二〇一〇年一月のときも、裁判で審議中の二〇一三年一月も、日本政府は人種差別撤廃委員会で第4条の留保について一貫してこの論理をくりかえしてきました。（日本政府の〇八年・一三年の報告⇩四七頁参照）

最高裁で最終的に確定した高裁判決は、一般に表現の自由は保障されるとした上で、次のように述べました。

「私人間において一定の集団に属する者の全体に対する人種差別的な発言が行なわれた場合には、上記発言が、憲法13条、14条1項や人種差別撤廃条約の趣旨に照らし、合理的理由を欠き、社会的に許容し得る範囲を超えて、他人の法的利益を侵害すると認められるときは、民法709条にいう「他人の権利又は法律上保護される利益を侵害した」との要件を満たすと解すべ

人種差別撤廃条約　第4条

締約国は、一の人種の優越性若しくは一の皮膚の色若しくは種族的出身の人の集団の優越性の思想若しくは理論に基づくあらゆる宣伝及び団体又は人種的憎悪及び人種差別（形態のいかんを問わない。）を正当化し若しくは助長することを企てるあらゆる宣伝及び団体を非難し、また、このような差別のあらゆる煽動又は行為を根絶することを目的とする迅速かつ積極的な措置をとることを約束する。このため、締約国は、世界人権宣言に具現された原則及び次条に明示的に定める権利に十分な考慮を払って、特に次のことを行う。

(a) 人種的優越又は憎悪に基づく思想のあらゆる流布、人種差別の煽動、いかなる人種若しくは皮膚の色若しくは種族的出身を異にする人の集団に対するものであるかを問わずすべての暴力行為又はその行為の煽動及び人種主義に基づく活動に対する資金援助を含むいかなる援助の提供も、法律で処罰すべき犯罪であることを宣言すること。
(b) 人種差別を助長し及び煽動する団体及び組織的宣伝活動その他のすべての宣伝活動を違法であるとして禁止するものとし、このような団体又は活動への参加が法律で処罰すべき犯罪であることを認めること。
(c) 国又は地方の公の当局又は機関が人種差別を助長し又は煽動することを認めないこと。

きであり、これによって生じた損害を加害者に賠償させることを通じて、人種差別を撤廃すべきものとする人種差別撤廃条約の趣旨を私人間においても実現すべきものである」

この判決が今後の一つの基礎になると私は思います。現行法でもこんな判決が出せるからいいじゃないかという話ではありません。かろうじてこのような判決になっただけのことです。この判決に満足せずに、ここからどのような新たな法を導きだしていけるのか、何よりもレイシズムにどうやって少しでも歯止めをかけていけるのか、ということが考えられなければいけないと思います。

〔了〕

人種差別撤廃委員会への日本政府報告　第４条関連

2008 年 8 月：「第４条の定める概念は、様々な場面における様々な態様の行為を含む非常に広いものが含まれる可能性があり、それらのすべてにつき現行法制を越える刑罰法規をもって規制することは、その制約の必要性、合理性が厳しく要求される表現の自由や、処罰範囲の具体性、明確性が要請される罪刑法定主義といった憲法の規定する保障と抵触する恐れがあると考えたことから、我が国としては、第４条（a）及び（b）について留保を付することとしたものである。／また、右留保を撤回し、人種差別思想の流布等に対し、正当な言論までも不当に萎縮させる危険を冒してまで処罰立法措置をとることを検討しなければならないほど、現在の日本が人種差別思想の流布や人種差別の煽動が行われている状況にあるとは考えていない。」

2013 年 1 月：「右留保を撤回し、人種差別思想の流布等に対し、正当な言論までも不当に萎縮させる危険を冒してまで処罰立法措置をとることを検討しなければならないほど、現在の日本が人種差別思想の流布や人種差別の煽動が行われている状況にあるとは考えていない。」

報告

1 ヘイトスピーチとは　金 星姫
——その実態と被害について

2 人種差別の違法性を認定　具 良鈺
——京都朝鮮学校襲撃事件判決

3 アメリカにおけるヘイトクライム規制
金 昌浩

報告１

ヘイトスピーチとは
――その実態と被害について

金《きん》星《そん》姫《ひ》

シンポジウム後半では、「ヘイトスピーチはどこまで規制できるか」と題してパネルディスカッションを行なったが、その前提として、会場でヘイトスピーチの実態と被害について共有した。

◆１　ヘイトスピーチ加害の実態

以下は、シンポジウムで流したヘイトスピーチの現場の動画の一部の文字起こしである。

・二〇〇九年一二月　京都朝鮮第一初級学校前
「スパイの子どもやないかい！　スパイの！」「朝鮮学校を日本からたたき出せ！」「キムチ臭いねん！」「日本に住ましてやってんねや」「端のほうを歩いとったらええやないかい」

・二〇一一年二月　大阪市北区
「（女性を指さし）チョンコ！　チョンコ！　これがチョンコですよ！　目の前ですれちがったらどつきまわしてください！」「出ていけこらこの売国奴！」
・二〇一一年一月　東京都小平市　朝鮮大学校前
「殺してやるから出てこいよ」「我々は冗談で言っているわけじゃなくてね、我々は朝鮮人を殺しにきました」「殺せ殺せ朝鮮人、殺せ殺せ朝鮮人」「そこで聞いてる朝鮮人！　ちょっと出てこいよ！　たたき殺してみせるから出てこいよ！　日本人をなめんじゃねえぞゴキブリども！」「そこで聞いてる朝鮮人の君ね、君にも朝鮮人としてのプライドがあるだろ？　出てきてほしいんだ、ぜひ出てきてね、殺されろよ」（周囲の笑い声）
・二〇一一年一一月　福岡天神　街宣
「天神をキムチの匂いにまみれさせてはいけない！」「反日朝鮮人を日本から叩きだせ！」
・二〇一三年六月　駐札幌大韓民国総領事館前
「オチョンコみたらぶち殺せ！　韓国人を皆殺しにせよ！」
・二〇一三年二月　大阪鶴橋商店街（発言者は未成年の女性）
「いつまでも調子に乗っとったら、南京大虐殺じゃなくて鶴橋大虐殺を実行しますよ！（略）実行される前に自国に戻ってください！　ここは日本です！　朝鮮半島じゃありません！　いいかげん帰れー！」（合間に「そうだ！　そうだ！」との周囲の声）

これがヘイトスピーチ加害側の実態である。声に出すのもはばかられるようなおぞましい内容の言葉で、在日韓国・朝鮮人への憎悪や差別を煽動している。

◈2 ヘイトスピーチ被害の実態

1 ヒューマンライツ・ナウの被害実態調査

私は二〇一四年、弁護士になってすぐ、国際人権NGOであるヒューマンライツ・ナウの一員として、ヘイトスピーチ被害実態の調査に携わった（調査員は七名）。

関西在住の在日コリアン一六人（男性一〇人・女性六人、一〇代一人・二〇代二人・三〇代四人・四〇代二人・五〇代六人）を対象に、二〇一四年四月一九日、六月二五日、七月一五日に、個別インタビュー形式で、ヘイトスピーチによる被害体験や被害感情の聴取を行なった。

調査の目的は、不特定多数の者に向けられたヘイトスピーチの法規制をめぐる議論の前提となるべき立法事実の有無を明らかにすることだった。

ヒューマンライツ・ナウの調査は、対象者が関西在住の在日コリアン一六人と、対象人数としては少ないと思われるかもしれない。ヒューマンライツ・ナウの調査以外にも民間団体が被害の実態を調査したものがあるが（例えば二〇一五年一月二九日にNPO法人多民族共生人権教育センターによる『生野区における「ヘイトスピーチ被害の実態調査」最終報告』）、これらも、ヒューマンライツ・ナウの調査と類似した結果を得ている。ヒューマンライツ・ナウの調査は決して一部の偏った結果ではないということである。なお、ヒューマンライツ・ナウの被害実態調査報告書については、ヒューマンライツ・ナウのホームページ（http://hrn.or.jp/activity/2105/）で公開されている。

2　被害の実態のまとめ

ヒューマンライツ・ナウは調査をする過程で被害の実態を、A恐怖、B自尊心の傷つき、C社会生活への影響、D子どもへの影響、E日本社会に対する恐怖、の五つに分類した。（以下、「在日コリアンに対するヘイト・スピーチ被害実態調査報告書」二〇一四年一一月発行、国際人権NGOヒューマンライツ・ナウ、協力：特定非営利活動法人コリアNGOセンター、八頁以後参照。なお○で囲った番号は、ヒューマンライツ・ナウの調査報告書記載の番号）

A　恐怖

聞き取りに応じてくれた人たちは、共通して、不特定多数に向けられたヘイトスピーチをまさに自分に向けられているものと感じ、強い恐怖を抱いたと述べていた。ヘイトスピーチを前にして、恐怖から何もできなかった、身体が動かなかった、身体が震えて心臓がドキドキした、「殺せ、殺せ、朝鮮人」といわれ殺されるんじゃないかという恐怖が襲ってきた、罵詈雑言を平気で投げかけてくることへの恐怖などが語られた。

③**30代女性：**多い時で月に数件、職場（在日団体）への嫌がらせのような電話がかかってくる。朝鮮を蔑視した発言、あるいは歴史否定的な発言（「慰安婦は売春婦だ」など）をされる。嫌がらせだとわかった瞬間、とても緊張するし、怖い。

④**20代男性：**五年ほど前、広島で在特会四名（中年）のヘイト街宣に遭遇した。目の前に立ち止まって堂々と見てやろうと思ったが、正直、怖かった。どれほど相手が弱そうでも恐怖を感じ、身体が動かなかった。

実際の危害を恐れたのではない。自分のことを言われていると感じた。一番言われたくないこと、思っていても自重して口に出すべきではないこと（そう国際的にも認知されていること）を堂々と一般人がやっていることに恐ろしさを感じた。

⑬**50代男性：**勤務先の団体に対するヘイトスピーチ街宣が行われたことがあった。マイクを一人ひとり回して、「朝鮮人はうじ虫だ！」「朝鮮人はゴキブリ！」「朝鮮人は死ね！」などと各自が発言し、それに対し他の参加者が拍手をしたりして参加者全員が興奮していた。名札を見られ、拡声器で名を連呼され、暴言を投げつけられた。論理的な抗議ではなく、面と向かって憎悪感情を投げかけてくることに恐怖を感じた。

⑮**50代女性：**慰安婦問題の活動をしているが、団体に対して執拗な否定がくりかえされている。「朝鮮人」という言葉を使って攻撃してくることに対して、多くの仲間が一緒にいても、違和感があり恐怖感を覚える。

B　自尊心の傷つき

特定の個人が攻撃の対象とされている場合と変わりなく、みんなが一様に心の傷を負っていた。不快感や痛み、悔しさを感じたり、吐き気が生じたり、気分が悪くなるほどに自尊心が傷ついた、自分ではどうすることもできない属性を理由に「死ね」「殺せ」といわれることに不条理を感じた、いいあらわせない怒りを感じる、自分たちの存在が否定されたという思い、デモが通りすぎて思わず泣きだしたなど、人間としての尊厳や自分の存在そのものを否定されたという思いからくる、自尊心の傷つきが共通して語られた。また、在日コリアンはどこかで深く傷ついているが、それを表現する場面を持たないことを指摘する声もあった。

⑥**50代男性：**物的被害はないが、精神的な不快感がある。人として言ってはいけないことを言っている。子どもたちに見せられるものではない。実際に見て、吐き気がした。自尊心が傷つく。

④**20代男性：**自分でどうしようもできないことを理由に、「死ね」「殺せ」と言われることの不条理、痛みを感じる。単なる罵詈雑言ではない。深く考えていない在日コリアンが大部分だが、どこかで深く傷ついている。積極的反応や意見がでないことは、意見がないことや傷ついていないことを意味しない。それを表現する場面や機会がない。

⑫**50代男性：**デモを見て、自分たちの存在が否定されたと思い、身体が震えて心臓がドキドキ

した。在日韓国・朝鮮人に対するメッセージだったが、まさに自分に投げかけられていると感じた。

Ｃ　社会生活への影響

日常生活の些細な場面で、ヘイト的な言動を聞くと「ビクッとする」ことが増えている、あるいは日本人の友人に相談したり、話したりすることができない、日本人の仲間とは共有できない苦しさがあるなど、ヘイトスピーチによる被害が、日常の社会生活や日本人の友人との関係にまで及んでいる。

また、ツイッター上で在特会批判をしたことがきっかけで、毎日ヘイトスピーチが届くようになり、うつ状態となって精神科を受診し、カウンセリングを受けていたという被害体験もみられた。

③**30代女性：**日常の些細な場面で、ヘイト的言動が聞こえて、ビクッとしたり（例えば、飲食店で隣のテーブルから聞こえる会話など）、また、そういったことを耳にしそうな気がしてふと不安を感じることがある。

⑤**20代男性：**ヘイト街宣に対する抗議行動が起きるまでは、うつ状態になり、精神科に相談し、カウンセリングを受けた。しばらくネットからは離れるようアドバイスされた。在日の友人たちには、不安を与える恐怖から、相談したり誘ったりできなかった。多少親しくても、日本人の友人に相談したり、話したりすることはいまでもできない。

⑮**50代女性：**二〇一二年一二月、水曜デモ一〇〇〇回を記念するキャンドルコンサートが扇町公園であったとき、その準備中の日中に、「チョンコー」「チョンコー」「朝鮮人」と二〇人くらいに三〇分くらい連呼された。心が折れる。日本人の仲間とは共有できない苦しさがある。

D　子どもへの影響

子どもには見せられないなど、子どもへの影響を心配する声も多い。実際に、ヘイトスピーチを知った子どもがショックを受けて、出自を明らかにしてはいけないと思うようになった事例、本名を名乗っている子どもが家から外に出るのを嫌がり、日本人に名前を伝えるのを怖がるようになった事例、大人になったら帰化するといい出した事例など、少なくない子どもが自分の出自を否定的にとらえるようになっている。

⑪**40代男性：**在日コリアンでもルーツを意識していない人が大勢いるが、ヘイトスピーチがテレビ放映されたことで、ルーツのある子どもたちは「自分のこと？」という意識が出てきた。毎年「仲良くしようぜパレード」をしているが、そのチラシに子どもの被害事例を掲載している。「先日の週末、在日コリアンをターゲットにしたデモが鶴橋でありました。近くを偶然通ったA君は、普段、民族学級に積極的に参加していません。週明けに小学校のソンセンニム（民族学級の講師のこと）をつかまえて、『やっぱり僕、自分が韓国人ってまわりの人に言うのはあかんねんな、と思ってん』と、鶴橋でドキドキしながら、大人たちの様子をうかがっていたことを話しま

した」

⑫**50代男性**：デモの直後、本名を名乗っている子どもたちは家から出るのを怖がったり、日本人に名前を伝えるのを怖がるようになった。

⑮**50代女性**：在日が多く居住し、朝鮮学校もある地域に来てやっていることに強い憤りを感じる。特に子どもたちがどれだけ傷つくかと腹が立つ。息子が中学のときに、コンビニに買い物に行き、ヘイトスピーチを見かけたらしく、帰宅後「早く大人になって帰化する」と言われた。

E　日本社会に対する恐怖

ヘイトスピーチを生み出し、規制せずに容認している日本社会や、普通の人がヘイトスピーチに参加していることへの恐怖も語られている。また、ヘイト側に対して寛容な態度をとっている警察への疑問や、公人によるヘイトスピーチを放置してきた日本社会の問題も指摘された。

⑯**40代女性**：警察官四〇〜五〇人は在特会を誘導しているように見えた。警官は交番で談笑していた。一般の人がヘイトスピーチに参加している状況が恐ろしい。

⑮**50代女性**：一番腹が立つのは警察に対してである。警察は彼らの言動に対して、黙って見ているだけで、何も言わないし、何もしない。中学生が「何で止めないの？」と質問したら、「表現の自由だから」と答えたという話を聞いた。

3　私自身の被害体験

実際に、私自身もヘイトスピーチの被害にあった経験がある。二〇一一年一〇月九日、京都・同志社大学今出川キャンパスで行なわれた、「現代日本の排外主義とヘイトクライム――民族教育を拒む日本社会を変えていくために」というシンポジウムに参加した際のことだ。

当時、私はまだ司法試験受験生だった。シンポジウム会場近くの地下鉄・今出川駅から地上に出て会場に向かう道では、すでに拡声器越しの怒声が響きわたっていた。同志社の学生さんたちも驚いている様子で、あたりは騒然としていた。このシンポジウムの開催を知った在特会が、今出川キャンパス前に押しかけ、ヘイトスピーチをぶちまけていたのだ（あとで知ったことだが、在特会はシンポジウムを潰そうと事前にネットでメンバーに集合を呼びかけていたらしい）。校門前には、京都朝鮮第一初級学校のヘイトスピーチ裁判に携わる日本人の弁護士が並び、在特会の罵声をじっと聞いていた。

私は、ヘイトスピーチに立ち向かわなければならない、大声で反論しなければと思ったが、恐怖で心臓がドキドキし、反論どころか、彼らを直視することすらできず、気づけば耳をふさぎ建物の影でヘイトスピーチが終わるのをひたすら待っていた。

直接、自分自身に向けられたヘイトスピーチもある。司法試験に合格した年、朝鮮新報という新聞社が、私ともう一人の司法試験合格を記事にして報じたのだが、そのネット記事に対して、いろいろな書き込みがあったのだ。「在日村でやれ」「朝鮮ヒトモドキの寄生虫」「ごねの民族帰れ地上の楽園へ帰れ」「立命館も〇〇（もうお一人の方の出身校）も朝鮮人を入学させるな」「てかそんなに日本が嫌なら頼むから出て行け、なんで居座って変えようとか傲慢なこと言い出すんだ」「こんなもんに受験資格認めてる日本政府がおかしい」……。

こういった書き込みに私は、自分の知らないところで自分の知らない人が、「朝鮮人だ」というだけで、ネット上で悪口を書き込んでいるということにショックを受け、恐怖のあまり心臓がドキドキして、パソコンの画面からしばらく目をはなすことができなかった。

よく知りもしない「朝鮮人の私」に対して、どうしてこの人たちはここまで嫌悪の感情をもって書き込みをすることができるのか、私には理解ができなかった。このようなことが、「表現の自由」として保障され、放置されていることがとても信じがたく思えた。

同時に、これから日本で「在日朝鮮人として」生きていくことが、荒波の中をわたっていくような苦しいことのようにも思えた。

◈3　ヘイトスピーチ規制

1　国連の考え方

国連人種差別撤廃委員会は、人種差別撤廃条約や、条約のさらなる実施を促進すべく作成された文書である「一般的勧告」において、ヘイトスピーチに厳しい姿勢で臨んでいる。とくに、「一般的勧告35」は、そのタイトルも「人種主義的ヘイトスピーチと闘う」(combating racist hate speech)

であり、締約国に対し、ヘイトスピーチと闘うための効果的な措置をとるよう促している。また日本に対しても、二〇一四年八月に出された人種差別撤廃委員会の総括所見において、次のように勧告している（外務省仮訳から引用）。

「11．委員会は、締約国内において、外国人やマイノリティ、とりわけ韓国・朝鮮人に対し、人種差別的デモ・集会を行う右翼運動や団体により、差し迫った暴力の煽動を含むヘイトスピーチが広がっているという報告を懸念する。また、委員会は公人や政治家による発言がヘイトスピーチや憎悪の煽動になっているという報告にも懸念する。委員会は、ヘイトスピーチの広がりや、デモ・集会やインターネットを含むメディアにおける人種差別的暴力と憎悪の煽動の広がりについても懸念する。さらに、委員会は、これらの行動が必ずしも適切に捜査及び起訴されていないことを懸念する（第４条）。

人種差別的ヘイトスピーチへの対処に関する一般的勧告35（２０１３年）を想起し、委員会は、人種差別的スピーチを監視し対処する措置は、抗議の表現を奪う口実として使われるべきでないことを想起する。しかしながら、委員会は、締約国に人種差別的ヘイトスピーチやヘイトクライムから保護する必要のある社会的弱者の権利を擁護する重要性を喚起する。それゆえ、委員会は、締約国に以下の適切な措置をとるよう勧告する。

（ａ）憎悪及び人種差別の表明、デモ・集会における人種差別的暴力及び憎悪の煽動にしっかりと対処すること。

（b）インターネットを含むメディアにおいて、ヘイトスピーチに対処する適切な措置をとること。
（c）そのような行動について責任ある個人や団体を捜査し、必要な場合には、起訴すること。
（d）ヘイトスピーチを広めたり、憎悪を煽動した公人や政治家に対して適切な制裁措置をとることを追求すること。
（e）人種差別につながる偏見に対処し、また国家間及び人種的あるいは民族的団体間の理解、寛容、友情を促進するため、人種差別的ヘイトスピーチの原因に対処し、教授法、教育、文化及び情報に関する措置を強化すること」

2　日本国内で聞こえてくる議論

しかしながら、日本国内では「表現の自由」の名のもとに、ヘイトスピーチ規制に極めて慎重な議論が目立つように思われる。「対抗言論でたたかうべきだ」、「あらたに法規制を設けるのではなく、まずは現行法で対処すべきだ」等など。しかし、「死ね、殺せ、出ていけ」と叫ぶ相手に対する「対抗言論」とは一体何なのか。また、現行法（名誉毀損罪、業務妨害罪など）でまずは対処すべきであるといっても、現行法で対処できていればこのような被害は生じないのではないか。

私たち被害当事者からみると、これらの議論は、上記で紹介した被害の実態を軽視した議論といわざるをえない。深刻な被害を負っている人びとがいるにもかかわらず、法規制が不要というのは一体どういうことなのか。加害の実態だけでなく、被害の実態をまずはしっかりと知るべきだろう。

上記のような深刻な被害が生じないようにすべきであるという考えに基づけば、法規制は当然のことだと考える。具体的な被害者の声や思いをおきざりにせず、耳を傾けて、規制の可否について議論すべきだろう。

ヒューマンライツ・ナウの調査報告などからも明らかなように、ヘイトスピーチの法規制をめぐる議論の前提となるべき立法事実は現に存在するのだ。

〔了〕

報告２

人種差別の違法性を認定
――京都朝鮮学校襲撃事件判決

具《ク》 良鈺《リャンオク》

◈1　はじめに

1　事件の概要

二〇〇九年一二月四日午後一時ごろ、京都市南区にある旧京都朝鮮第一初級学校（現在は移転・統合している）に、「在日特権を許さない市民の会」「主権回復を目指す会」のメンバーら一一名が押しかけ、約一時間にわたり、拡声器等を用いて「北朝鮮のスパイ養成機関」「朝鮮やくざ」「こいつら密入国の子孫」「朝鮮学校を日本からたたき出せ」「出て行け」などと怒号した上、学校が公園内に設置していたスピーカーを切断するなどした。いわゆる京都朝鮮学校襲撃事件である。

襲撃犯らは、二〇一〇年一月一四日にも同様のデモを敢行した。さらに、裁判所による街宣差止仮処分命令も無視して、同年三月二八日にも差別街宣を強行した。

その後、威力業務妨害、器物損壊等により、主犯格四名に対して執行猶予付きの有罪判決が確定した。

学校側が実行犯と在特会らを相手に起こした民事訴訟でも、京都地裁は、二〇一三年一〇月七日、一、二二六万円の賠償と学校から半径二〇〇メートル以内での街宣を禁じる判決をいいわたした。被告側は控訴したが、大阪高裁は翌二〇一四年七月八日に控訴を棄却、最高裁も同年一二月九日、二審判決を支持、原告（学校側）勝訴の判決が確定した。

こうして、約五年におよぶ裁判闘争は、ようやく終わりを迎えることとなった。

「ヘイトスピーチ判決」として国内外に広く報道されたこの判決は、日本の裁判所がはじめて「人種差別の違法性」を正面から認めたものとして、画期的であると評価できる。

以下、本判決のうち、とりわけ画期的であるとされる人種差別の認定部分について解説を加える。

2 前提――これまでの法の限界

在特会による人種差別街宣活動（ヘイトスピーチ街宣活動）が法的にどのように評価されるのか。

いまや、ヘイトスピーチという単語が社会に浸透しているが、二〇〇九年の事件発生当初は、ヘイトスピーチという単語についても、在特会という団体についても、まったく社会的認知はない状況であった。

これまでの民事裁判例の蓄積からすれば、在特会らが行なった街宣活動が、①「名誉毀損」、②「業務妨害」（学校法人の教育業務への妨害）、③「侮辱」、④「器物損壊」であるとは判断されても、それにとどまらず「民族差別」にも該当すると認定されるためには、のりこえるべき課題が多かった。

刑法上も民法上も、①人の名誉を毀損してはならないこと、②業務を妨害してはならないこと、③侮辱してはならないこと、④他人の所有物を壊してはいけないことは規定されていても、人種差別をしてはいけない、という規定は存在しないからである。

このうち、③侮辱と④器物損壊は、刑法上も最も軽微な犯罪の一つとされており、人種差別によって生じる被害に対してあまりに実体を反映できていない。

他方、これらよりも重い①名誉毀損は、法律上「事実の摘示」が要件とされている。例えば「馬鹿」といったようなただの悪口ではなく、「○○の成績は△△である」等と事実を挙げて名誉を傷つけた場合を適用範囲としている。「馬鹿」といった、事実の摘示がない悪口の類は、民事上も刑事上も、もっとも軽微な「侮辱」に該当するにすぎない。

在特会の発言中、人種差別感情の発露である「ゴキブリ朝鮮人」「朝鮮やくざ」「出て行け」「不逞朝鮮人」といった発言には、事実の摘示がない。しかし、こういった特定の民族・所属集団に向けられた差別発言は、人間の根本的な自尊心を傷つけ、社会の構成員として他の構成員と対等の立場で生きるという、人としての根源的価値を否定するものであって、それゆえに被害が大きく悪質である。

他方、彼らの発言のうち、例えば「密入国の子孫」という部分については、形式上は事実の摘示があるから、名誉毀損に該当しうる。しかし、この一部の発言のみを取りあげて法的に評価することは、事件の本質とかけはなれてしまう。在特会の発言は、一般的な名誉毀損発言と異なり、在特会が行なった一連の街宣活動のなかでとらえれば、まさに人種差別の動機に基づく差別感情の発露だからである。

本裁判では、彼らの言動が、名誉毀損、業務妨害、侮辱、器物損壊といった、すでに日本の法律に規定されている違法類型に該当するばかりでなく、その本質が悪質な人種差別であるという点を、裁判所にいかに正しく法的評価してもらうかが、大変な課題としてあったわけである。

先に述べた判決は、（すでに存在はしたがこれまでそれと評価されてこなかった）あらたな違法行為類型――人種差別は違法である、と明言したという意味で画期的であった。

3　裁判および判決の詳細

(i)　当事者

原告は、朝鮮学校を運営する学校法人京都朝鮮学園であり、被告は、在特会と「主権回復を目指す会」の各代表、メンバーおよび動画配信者ら九名であった。

(ii)　請求内容

原告は、民法709条（不法行為）に基づき、街宣活動一回あたり一、〇〇〇万円×三回＝合計三、

○○○万円の損害賠償請求と学校から半径二〇〇メートル以内での街宣活動禁止を求めた。

(iii) 結論

第一審（京都地裁）は、在特会が行なった一回目の街宣について、五五四万七、七一〇円、二回目の街宣について、三四一万五、四三〇円、三回目の街宣について三三〇万円、合計一、二二六万三、一四〇円の賠償と、学校から判決二〇〇メートル以内での街宣禁止を命じた。

この結論は、最高裁でも維持され確定した。

(iv) 争点

原告側は、在特会らの街宣活動が、原告学校法人の人格権である①民族教育実施権を侵害する、また、②人種差別を煽動する言動であった、よって違法であり請求どおりの損害賠償が認められるべきと主張した。

被告側は、在特会メンバーらの街宣活動が「正当な言論」活動であり、違法ではない、責任はないと反論した。

一審京都地裁は、前記のとおり、②人種差別を煽動するヘイトスピーチであり、違法であると認定し、二審大阪高裁では、これに加え、原告の①民族教育を実施する利益を法的な利益と認めた。

報道では、ヘイトスピーチ該当性を認めた点のみが大きく報道されているが、当事者および弁護団の視点からは、裁判所が、原告学校法人が民族教育を実施する利益を法的な利益として認定した点もあわせて大きな意義をもつ、という点を付言する。

◈2 地裁判決はヘイトスピーチの違法性をいかに判断したか

以下においては、ヘイトスピーチの違法性をいかに判断したのか、一審京都地裁の判決文を引用しながら紹介する。なお、裁判所の判断は、事実の認定と、その認定した事実をもとにした法的な判断の二つの部分にわかれる。以下、認定した事実とそれに対する法的評価にわけて紹介する。

1 事実経過

一審京都地裁が認定した事実の概要は、以下のとおりである。

(i) 当事者(原告)

在特会らが襲撃した旧京都朝鮮第一初級学校[*1](以下、「本件学校」という)は、日本の小学校に相当する施設(一年生から六年生までの学年ごとに一クラスずつ)と日本の幼稚園に相当する施設を有する教育施設であった。

(ii) 第一回街宣活動——二〇〇九年一二月四日

被告らは、二〇〇九年一一月一九日、動画サイト「YouTube」に、「京都朝鮮学校が児童公園を不法占拠」と題する映像を公開した。この映像は、本件学校と本件学校の向かいにある勧進橋児童公園[*2]（以下、「本件公園」という）を撮影したものであり、児童のうしろ姿も収録されていた。また、映像のなかには、在特会メンバーが「これは叩き出しましょうね近いうちに。一二月初旬に叩き出して」と発言する様子が収録されていた。

二〇〇九年一二月四日（金曜日）午後一時ごろから約五〇分にわたり、本件学校の南門前の公道および本件公園に集結し、拡声器を用いながら本件学校関係者らに怒号をあびせるなどの示威活動を行なった。被告らは本件公園に置いてあった本件学校のサッカーゴールおよび朝礼台を南門まで運んだ。また、本件公園に設置されていた本件学校のスピーカーの電源コードを切断し、スピーカーを取りはずしてこれを南門まで運んだ。

被告らは、サッカーゴールをなかに入れてやるから南門を開けるよう要求し、怒号をあげた。

被告らは、校門前で対峙していた学校関係者に対し、拡声器を使用して「（本件学校は）公園を五〇年も不法占拠している」「日本国民が公園を使えない」「この学校の土地も不法占拠だ」「我々の先祖の土地を奪った。戦争中、男手がいないとこから、女の人をレイプして奪ったのがこの土地」「戦後焼け野原になった日本人につけこんで、民族学校、民族教育闘争、こういった形で、至るところ、至る日本中、至るところで土地の収奪が行われている」「日本の先祖からの土地を返せ」「これはね、

＊1……旧京都朝鮮第一初級学校は、現在、旧京都朝鮮第三初級学校と統合し、「京都朝鮮初級学校」となっている。
＊2……本件学校が運動場として利用していた公園である。

侵略行為なんですよ、北朝鮮による」「ここは北朝鮮のスパイ養成機関」「犯罪者に教育された子ども」「ここは横田めぐみさんをはじめ、日本人を拉致した朝鮮総連」「朝鮮やくざ」「こいつら密入国の子孫」「朝鮮学校を日本からたたき出せ」「出て行け」「朝鮮学校、こんなものはぶっ壊せ」「約束というのはね、人間同士がするもんなんですよ。人間と朝鮮人では約束は成立しません」「日本に住ましてやってんねや。な。法律守れ」「端のほう歩いとったらええんや、初めから」「我々は今までみたいな団体みたいに甘うないぞ」「この門を開けろ、こらぁ」等の怒声を次々と間断なくあびせかけ、あいまに、いっせいに大声で主義主張を叫ぶなどの示威活動を行なった。

当時生徒たちは、学校校舎内で、低学年は昼食時間、高学年は他校と交流会をしていた。

被告のうちの一人は、当日、この示威活動の様子を撮影した映像をYouTubeで公開した。

(iii) 第二回街宣活動・予告

被告在特会は、二〇一〇年一月七日、被告在特会のウェブサイトに下記の文章を掲載し、会員その他不特定多数の者に対し、同月一四日の示威活動への参加を呼びかけた。

記

(1)「1・14　朝鮮学校による侵略を許さないぞ！　京都デモ　子供を盾に犯罪行為を正当化する不逞鮮人を許さないぞ！　朝鮮人犯罪を助長する犯罪左翼・メディアを日本から叩きだせ！」

(2)「平成21年12月4日、主権回復を目指す会・関西支部との合作である、『X公園奪還作戦』はその後、メディアも取り上げる事件として問題提起することが出来た。しかし、メディアの取り上げ方は案の定、『社会の不満分子が少数民族の子供たちが通う学校へ集団暴行、民族差別』である。これでは三国人の宣伝省ではないか。差別者として放映された一民間人の人権と言うものは全く置き去りである。このような連中に人権を語らせては断じていけない。そして自分達の悪業を棚に上げ、ひたすら涙、涙の被害者面で事実を捻じ曲げようとするあたりは、不逞鮮人の伝統芸能である。我々は受身になるつもりは一切無い。道理を楯に徹底的に邁進します。約50年にわたり児童公園から日本の子供たちの笑い声を奪った、卑劣、凶悪民族から公園を取り戻す為に行動を起こします」

(3)「【最新情報】1月6日／生中継URL、開始時間追加【日時】平成22年1月14日（木）14：20集合14：40デモの趣旨と注意事項を説明開始時刻15：00出発【集合場所】京都市南区○○X公園集合【最寄駅】地下鉄△△駅徒歩3分京阪××駅」

以下、第二回、第三回街宣については、紙数の関係上、事実の概要のみを示す。判決文本文は、裁判所のホームページ（http://www.courts.go.jp/app/files/hanrei_jp/675/083675_hanrei.pdf）参照。

(iv)　第二回、第三回街宣活動

在特会らの、前記二〇一〇年一月七日付け街宣予告を受けて、学校側は在特会らがやってくるであろう一月一四日午後、急きょ課外活動を行なうことにした。学校側は、当日の課外活動先の手配、観光バスのチャーター等の準備に追われた。

そして当日一四日午後二時二〇分ごろから午後五時ごろまでのあいだ、被告らは、拡声器や街

宣車を使って学校前で街宣活動を行なった。被告のうちの一名は、当日、この示威活動の様子を撮影した映像をYouTubeにアップロードして公開した。

二〇一〇年三月一六日、在特会は、在特会ウェブサイトで同月二八日の示威活動への参加を呼びかけた（第三回街宣予告）。これに対して学校側弁護団は、同月一九日、京都地方裁判所に対し示威活動禁止等仮処分を申し立て、同月二四日、京都地方裁判所は原告の申し立てを認容し、学校から半径二〇〇メートル以内での示威活動等を禁止する仮処分決定をした。

ところが被告らは、この裁判所の仮処分決定さえも無視して第三回目の街宣活動を行なったのであった。二〇一〇年三月二八日午後三時三〇分ごろから午後五時ごろまでのあいだ、幟、拡声器や街宣車を使って、聞くに堪えない差別街宣を学校周辺で行なった。そしてその様子を撮影した動画を、YouTubeにアップロードして公開した。

(v) 子どもたちの様子

こうして、安心して学べるはずの学校は大混乱におちいった。

判決文にはあらわれていない部分も含め、子どもたちの様子を紹介する。

第一回街宣当日、校舎内にいた生徒たちは、外からもれ聞こえてくる怒号と教師の慌ただしい動きから、ただならぬ異常事態であることを察していた。恐怖のあまり泣きだす生徒や、泣きだす生徒を「大丈夫だよ」といって必死で慰めようと抱きしめる上級生、何が起こったのかと教師につめよる生徒、自宅に戻って動画を再生し絶句する生徒……。二回目の街宣予告を受け、慌ただしく授業予定を変更して課外活動に出ることになった際には、「また在特会が来るからでしょ」「逃げるのですか」と教師に疑問を投げかける生徒もいた。教師は「逃げるのではない。安全のために一応避難をするのだよ」と必死に説明をし子どものケアにあたったものの、結局は、裁判所の仮処分決定まで無視して三回目の街宣が行なわれてしまった。

子どもたちは、おねしょをしたり、学校に行くのを嫌がったり、拡声器の声におびえたり、「朝鮮人って悪い言葉なの」と親にたずねたり、自分が在日コリアンとして生まれたことについて疑問を投げかける等の不安症状をみせはじめた。鉛筆を常にピンピンにとがらせて「在特会がきたら闘う」と自身を奮いたたせようとする生徒もみられた。

教師は、本来教育に割かれるべき多くの時間と労力を在特会対応に割かざるをえなくなった。本件事件が大きなきっかけとなって、その後本件学校は移転を余儀なくされた。

2　認定事実をもとにくだした判断

一審京都地裁は、前記のような事実経過を認定した上で、次のような法的判断をくだした（「」内が判決文原文引用。傍線筆者）。

(i)　人種差別撤廃条約下での裁判所の判断について

「人種差別撤廃条約2条1項は、締結国に対し、人種差別を禁止し終了させる措置を求めているし、人種差別撤廃条約6条は、締結国に対し、裁判所を通じて、人種差別に対する効果的な救済措置を確保するよう求めている。これらは、締結国に対し、国家として国際法上の義務を負わせるというにとどまらず、締結国の裁判所に対し、その名宛人として直接に義務を負わせる規定であると解される。

このことから、わが国の裁判所は、人種差別撤廃条約上、法律を同条約の定めに適合するように解釈する責務を負うものというべきである。」

つまり、人種差別撤廃条約を批准している日本の裁判所は、同条約の内容に適合するように法を解釈する責任を負うとした。

(ii) 本件活動による業務妨害および名誉毀損が人種差別撤廃条約上の人種差別に該当すること

A 在特会らの活動の意図

ア「被告〔在特会〕らの発言を含め、……事実経過全体を総合すれば、……〔被告らは〕かねてから、在日朝鮮人が過去に日本社会に害悪をもたらし、現在も日本社会に害悪をもたらす存在であるとの認識を持ち、在日朝鮮人を嫌悪し、在日朝鮮人を日本人より劣位に置くべきである、あるいは、在日朝鮮人など日本社会からいなくなればよいと考えていたこと、つまり、在日朝鮮人に対する差別意識を有していたものと認められる。」

イ「また、……〔認定した〕事実経過に照らせば、上記被告らは、自分たちの考えを表明するための示威活動を行うとともに、自分たちの考えを多数の日本人に訴えかけ、共感を得るため、自分たちの言動を撮影した映像を公開するという活動もしていたが、本件学校が校庭代わりに本件公園を違法に占拠している事実を把握するや、その不法占拠を口実にして本件学校に攻撃的言動を加え、その刺激的な映像を公開すれば、自分たちの活動が広く世に知れ渡ることになり、多くの人々の共感を得られるはずだと考え、示威活動①[*3]に及んだものと認められる。

上記被告らは、示威活動①において、本件公園の違法な占用状態を〔行政を通じてではなく、いわば私人による自力救済として〕解消する意図で活動したかのように装っている。しかし、それが表面的な装いにすぎないことは、その映像自体から容易にうかがい知れるし、被告Aが、京都市の担当者から平成22年1月か2月にはサッカーゴール等の物件が自発的に撤去される予定であると聞いていたのに、「朝鮮人を糾弾する格好のネタを見つけた」と考え、自分たちの活動を世間に訴える目的で示威活動①を敢行したことからも明らかである。」

ウ「示威活動①を発端としてなされた本件活動が、全体として在日朝鮮人に対する差別意識を世間に訴える意図の下に行われたとは、前記認定の事実経過に照らして、明らかである。」

判決は、在特会の行なった行動の経過、発言の内容をふまえ、差別意識を認定し、在特会の活動

＊3……第一回目の街宣活動（二〇〇九年一二月四日）を指す。

の意図は差別の助長と拡散にあると、正しく認定した。

B　差別的発言

ア「被告らは、示威活動①において、朝鮮総連関係者を「朝鮮ヤクザ」と罵り、朝鮮学校について「日本からたたき出せ」「ぶっ壊せ」と言い、在日朝鮮人全般について「端のほう歩いとったらええんや」「キムチ臭いで」とあざけり、さらに、「約束というのはね、人間同士がするもんなんですよ。人間と朝鮮人では約束は成立しません」などと在日朝鮮人が人間ではないかのように説明している。……示威活動①における被告らの言動は、すべて映像で公開することを予定してされたものであり、実際に映像が公開されてもいるから、……不特定多数の映像視聴者向けに流布した発言というべきである。」

イ「被告らは、示威活動②[*4]においては、朝鮮学校を「日本から叩き出せ」「解体しろ」と言い、在日朝鮮人全般について、戦後の混乱期にわが国で凶悪犯罪を犯して暴れまくったと言い、「不逞な朝鮮人を日本から叩き出せ」として日本社会で在日朝鮮人が日本人その他の外国人と共存することを否定し、さらには「保健所で処分しろ、犬の方が賢い」などとあざけり、在日朝鮮人が犬以下であるとするのである。」

ウ「被告らは、示威活動③[*5]においては、朝鮮学校を「卑劣、凶悪」と言い、在日朝鮮人について「ゴキブリ、ウジ虫、朝鮮半島へ帰れ」と言い放っている。」

エ「さらに……上記アないしウの発言以外にも、被告A、被告Bを始めとする様々な参加者によって「朝鮮部落、出ろ」「チョメチョメするぞ」（示威活動①）、「ゴミはゴミ箱に、朝鮮人は朝鮮半島にとっとと帰れー」「朝鮮人を保健所で処分しろー」「糞を落としたらね、朝鮮人のえさになるからね、糞を落とさないでくださいね」（示威活動②）、「朝鮮メス豚」「朝鮮うじ虫」「日本の疫病神、蛾、うじ虫、ゴキブリは、朝鮮半島に帰れー」（示威活動③）等の在日朝鮮人一般に対する差別的な発言や、「ぶち殺せー」といった過激な大声での唱和が行われた事実が認められる。」

オ　「上記アないしエの発言は、いずれも下品かつ侮蔑的であるが、それだけでなく在日朝鮮人が日本社会において日本人や他の外国人と平等の立場で生活することを妨害しようとする発言であり、在日朝鮮人に対する差別的発言といって差し支えない。」

「以上でみたように、本件活動に伴う業務妨害と名誉毀損は、いずれも、在日朝鮮人に対する差別意識を世間に訴える意図の下、在日朝鮮人に対する差別的発言を織り交ぜてされたものであり、在日朝鮮人という民族的出身に基づく排除であって、在日朝鮮人の平等の立場での人権及び基本的自由の享有を妨げる目的を有するものといえるから、全体として人種差別撤廃条約1条1項所定の人種差別に該当するものというほかない。

したがって、本件活動に伴う業務妨害と名誉毀損は、民法709条所定不法行為に該当すると同時に、人種差別に該当する違法性を帯びているということになる。」

＊4……第二回目の街宣活動（二〇一〇年一月一四日）を指す。
＊5……第三回目の街宣活動（二〇一〇年三月二八日）を指す。

つまり裁判所は、在特会の差別発言が侮辱的であるばかりでなく、在日朝鮮人が日本人や他の外国人と平等に生活することを妨害しようとする差別発言であり、在日朝鮮人の平等の立場での人権を妨げる目的の行動であると認定した。

これまで数々の差別事件は存在したが、日本の裁判所が民族差別であると断言したことはもちろん、差別の意図や目的という発言者の内心にまで踏みこんで判断をくだしたのは、過去に例がない。

(iii) 名誉毀損としての違法性、または責任の阻却事由について

「……判例法理によって免責されるのは、名誉毀損表現が事実摘示であろうが論評であろうが、専ら公益を図る目的で表現行為がされた場合だけである。

では、本件活動における……表現が専ら公益を図る目的でされたのかといえば、そう認定することは非常に困難である。

なぜなら、本件示威活動は、本件学校の付近で拡声器を用い又は大声で行われたものであり、示威活動①では、本件学校が本件公園に設置していたサッカーゴールを倒し、スピーカーの配線を切断し、朝礼台を移動させるという実力行使を伴うものであり、示威活動②③では街宣車を伴うという威圧的な態様によって行われたものである。公益を図る表現行為が実力行使を伴う威圧的なものであることは通常はあり得ない。

加えて、前記のとおり、本件活動は、全体として、在日朝鮮人に対する差別意識を世間に訴える意図の下、在日朝鮮人が日本社会で日本人や他の外国人と平等の立場で生活することを妨害しよう

とする差別的発言を織り交ぜてされた人種差別に該当する行為であって、これが「専ら公益を図る」目的でされたものとは到底認めることはできない。

したがって、本件活動における名誉毀損が判例法理により免責される余地はないものといわなければならない。」

「〔事実の摘示を伴わない（したがって名誉棄損に該当しない）発言について〕被告らは意見の表明であるというが、意見や論評というよりは、侮蔑的な発言（いわゆる悪口）としか考えられず、意見や論評の類として法的な免責事由を検討するようなものとは認められない。」

在特会の主張はこうである。在特会の行なった街宣活動は、①公益目的の正当な言論活動であるから違法ではない、または、②意見の表明であるから責任がない。

しかし、これについても裁判所は、①人種差別該当行為が公益をはかる目的でされたと認めることはできないし、②意見の表明というよりは、侮辱的な発言、悪口としか考えられないとして、在特会側の反論を一蹴した。

(iv) 無形損害の金銭評価

「無形損害を金銭評価するに際しては、被害の深刻さや侵害行為の違法性の大きさが考慮される。

ところで、……日本政府は、昭和63年、人種差別撤廃条約に基づき設立された国連の人種差別撤廃委員会において、日本の刑事法廷が「人種的動機（racial motivation）」を考慮しないのかとの質問に対し、「レイシズムの事件においては、裁判官がしばしばその悪意の観点から参照し、それが量刑の重さに反映される」と答弁したこと、これを受けて人種差別撤廃委員会は、日本政府に対し「憎悪的及びレイシズム的表明に対処する追加的な措置、とりわけ……関連する憲法、民法、刑法の規定を効果的に実施することを確保すること」を求めた事実が認められる。

すなわち、刑事事件の量刑の場面では、犯罪の動機が人種差別にあったことは量刑を加重させる要因となるのであって、人種差別撤廃条約が法の解釈適用に直接的に影響することは当然のこととして承認されている。

同様に、名誉毀損等の不法行為が同時に人種差別にも該当する場合、あるいは不法行為が人種差別を動機としている場合も、人種差別撤廃条約が民事法の解釈適用に直接的に影響し、無形損害の認定を加重させる要因となることを否定することはできない。

また、前記のとおり、原告に対する業務妨害や名誉毀損が人種差別として行われた本件の場合、わが国の裁判所に対し、人種差別撤廃条約2条1項及び6条から、同条約の定めに適合する法の解釈適用が義務付けられる結果、裁判所が行う無形損害の金銭評価についても高額なものとならざるを得ない。」

損害は、有形損害（在特会が壊したスピーカーの補修費用など、金銭に見積もることができる損害。実際に支出を余儀なくされた出費と考えていただくとわかりやすい）と無形損害（精神的損害など金銭に見積もることが難しい目に見えない損害）にわけられる。裁判所は、一、二〇〇万円を超える損害を認定したのであるが、そのほとんどが無形損害であったことも注目すべき点だ。

無形損害の算定については、裁判所の裁量の働く余地が大きい。特に名誉棄損事案では高額賠償に結びつきにくいのが現状であるところ、裁判所は本件で高額賠償を認めるべきとして、前記損害額を算定したのである。


筆者個人の感覚としては、生じた被害から考えれば決して高額とはいえない。この学校に通っていた一〇〇人近い生徒とその保護者に生じた心の傷、教員らが負った心理的・物理的負担はとてつもなく大きい。その意味では、差別事件がいったん生じてしまえば、事後的には解決自体が不可能であり、だからこそ差別が生じない社会の認識、しくみづくりが必要であると考えている。

◈3　小括――裁判を終えて

私は、被害の大きさが裁判官の心を動かしたと信じている。

先に述べたとおり、過去の裁判例からして、裁判所が正しく被害に目を向け、名誉棄損や侮辱を超えて「人種差別」であると踏みこんだ決断をくだしてくれるか、当初、不安要素はたくさんあった。

他方、刑事裁判では主犯格四名について有罪判決が確定した。警察は第一回街宣当日、当事者からの通報を受けて一〇分後に到着したものの、在特会の行為を傍観するだけであった。すなわち、警察はその日その場で行為者を現行犯逮捕することができた状態であったにもかかわらず、放置したのであった。さらにその後、告訴をしようとしても受理さえ拒む警察の姿勢、受理後も遅々として捜査をすすめようとしない検察の態度、裁判所の街宣禁止仮処分決定さえも無視する在特会の異常な執念。当事者からは、「私たちには人権すらない」という声が聞こえるようになった。残る手段としては、民事裁判に訴える他なかったのである。

しかしこの道は、まさにいばらの道であった。本件でもそうであったように、一審判決が出るまで四年という長い歳月を要し、そのあいだに当事者は、ことあるごとに、あの悪夢の事件を追体験し、もがき苦しむのである。そこまでつらい作業を経て、はたして求める内容の判断がくだされるのか。当事者は議論に議論をかさね、これまでくりかえされてきた差別にこれ以上屈することはできないと民事訴訟提起にいたった。まさに、苦渋の決断であった。

私は、一審判決が最高裁で確定して、あの日の決断はまちがっていなかったと、やっと胸をなでおろした。しかし、喜びなどなかった。事件が起こらなかったことにはならないからだ。

この判決が、当事者にとって一つの区切りになったことは事実である。しかし、子どもの心に生じた傷は深く、彼らは一生、この事件と闘っていかなければならない。

この事件は私にとっても、自己回復の事件であった。私もこの学校の卒業生だからである。思い返せば幼いころ、通学途中「朝鮮人死ね」などの暴言をあびたことが何度かあった。そのたびに、返す言葉がみつからなかった。それでも、朝鮮人として堂々と生きるべきと自身を奮いたたせた。一度ならず二度、三度とそのような経験をくりかえすうち、いやむしろ自分が悪いのではないか、と思うようになった。自己否定のはじまりだった。

くしくも、私が弁護士登録をした月にこの事件が発生し、したがって私は弁護士になってからずっとこの事件とかかわり、僭越にもいまこのような原稿を書いている。事件を通じて私は、記憶の奥底に沈めふたをしていた幼いころの記憶を想起し、裁判での代理人活動を通じて、そして判決を通じて自身が人として生きかえるのを感じた。

ヘイトスピーチが、「人として平等に生きる」という根源的価値を否定するものであって、それゆえに被害が大きく事後的に回復不可能であるということを忘れてはならない。その意味で、差別煽動行為は決して許されないという社会のしくみづくり、とりわけ、ヘイトスピーチを規制する民事、刑事、行政分野での法整備が待たれる。

〔了〕

報告3

アメリカにおけるヘイトクライム規制

金《キム》 昌浩《チャンホ》

◈1 はじめに

近時、日本の法律学者のあいだでも、ヘイトスピーチ規制の是非についての議論が頻繁に行なわれるようになっている。その際、とくに憲法学者からは、ヘイトスピーチ規制に消極な立場をとることの論拠・立論の一つとして、アメリカにおいてはヘイトスピーチの規制がないことに言及されることが多い。また、こうした憲法学者等の議論を背景に、メディアにおいても、アメリカではヘイトスピーチの規制がないことを日本におけるヘイトスピーチ規制導入反対の理由として掲げる論調も多い。

このようなメディア等の論調を目にすると、アメリカは人種差別に寛容だという印象をもってしまう方もいるかもしれないが、実際にはそうではない。

たしかにアメリカでは、ヘイトスピーチについては、表現の自由の観点から、例外的な場合を除いて規制が許されていないが、アメリカの多くの州においては、人種差別的な動機に基づいて遂行される犯罪（差別的な動機に基づいて行なわれる犯罪は、一般的に「ヘイトクライム」と称されている）に対しては、差別的な動機のない犯罪に比して厳罰を課す法律が定められている。

したがって、ヘイトクライムに対する対処の点では、アメリカのほうが、ヘイトクライムに対する特別の法律の規定を設けていない日本にくらべて、厳格な対応をとっているといえる。

この点、日本においてヘイトスピーチの問題を論ずる際には、在特会などのレイシスト集団によるヘイト街宣が想定されることが多いが、その代表例として挙げられる京都朝鮮学校襲撃事件については、アメリカでは「ヘイトスピーチ」ではなく「ヘイトクライム」として扱われる事案であり、日本において一般に「ヘイトスピーチ」として一括りにされている問題のなかには、アメリカであれば、「ヘイトクライム」として厳正な対処が可能となる事例も多い。

そこで、以下では、アメリカにおけるヘイトスピーチに関する議論の状況、および、ヘイトクライム法制を紹介するとともに、ヘイトクライム法の日本における導入可能性について検討する。ただし、アメリカにおけるヘイトスピーチ規制に関する裁判例、およびその歴史については、すでに多くの文献において紹介されていることから、裁判例の紹介は最低限にとどめている。

なお、検討に先だって、本稿で用いる「ヘイトスピーチ」、および「ヘイトクライム」の定義について整理しておきたい。この点、「ヘイトスピーチ」については、アメリカの法律上明確な定義はないが、アメリカで最も定評のある法律用語辞典は、ヘイトスピーチを「特定の人種に属する者などある集団に対する憎悪の表出以外の意味を含まない表現であり、暴力を煽動する可能性があるような場面で用いられるもの」と定義している。[*1]

他方、ヘイトクライムについては、連邦ヘイトクライム法、および各州のヘイトクライム法によって定義はまちまちであるが、(i)現行法上の犯罪行為と(ii)当該犯罪行為が、人種などの偏見に動機づけられていることを要素とする点は共通しており、例えば、上記の法律用語辞典では、「ヘイトクライム」を「被害者の人種、皮膚の色、民族的出身、血統、性別、宗教、宗教的実践、年齢又は性的指向などを理由とする犯罪者の偏見によって動機づけられた重罪又は軽罪」と定義する。[*2]

ヘイトクライムに際して、特定の集団に対する憎悪を煽動するような表現があわせて用いられる場合もあるが、この場合には、現行法上の犯罪として処罰できることが明らかであり、規制の可否は問題にならないため、以下では、「ヘイトスピーチ」という用語を、「「特定の人種に属する者などある集団に対する憎悪の表出以外の意味を含まない表現であり、暴力を煽動する可能性があるような場面で用いられるもの」のうち現行法上犯罪行為に該当しないもの」を指すものとして用いる。

◆2　アメリカにおけるヘイトスピーチをめぐる議論の状況

アメリカでは、十字架の焼却をめぐる連邦最高裁の裁判例（一九九二年に判断されたR.A.V. v. City of St. Paul 事件と、二〇〇三年に判断されたVirginia v. Black 事件）などを通じて、ヘイトスピーチの規制（なお、連邦最高裁で問題になった規制はいずれも刑事規制である）は許されないことが通説的な見解となっている。[*3]

すなわち、ヘイトスピーチは、人種差別的なメッセージが含まれるという理由のみによって処罰をすることはできないが、「真の脅迫」（Black事件では、「表現者が個人又は個人の集団に対して身体上の害悪又は死の危惧を持たせることを意図して直接脅迫した場合」がこれに該当するとされる）に該当する場合には、処罰が可能とされている。

とくに、Black事件では、脅迫を意図した十字架焼却という限定された場面ではあるものの、文面上は、特定人に向けたヘイトスピーチでなくとも、規制を可能にする規定が合憲とされており、日本におけるヘイトスピーチ規制の議論においても参考になろう。

また、アメリカでは、職場での人種差別的発言は環境型ハラスメントとして違法となるほか、多くの大学において、一定の類型の人種差別的発言を制限するスピーチコードが制定されているなど、ヘイトスピーチが野放しになされているわけではないことに留意する必要がある。[*4]

＊1……Hate Speech, Black's Law Dictionary (10th ed. 2014).
＊2……Hate Crime, Black's Law Dictionary (10th ed. 2014).
＊3……両裁判例については、榎透「米国におけるヘイト・スピーチ規制の背景」専修法学論集九六号（二〇〇六年）を参照。
＊4……この点、日本語での文献は少ないが、さしあたり、エリック・ブライシュ著、明戸隆浩他訳『ヘイトスピーチ――表現の自由はどこまで認められるか』（明石書店、二〇一四年）、一四一頁以下を参照。

◈3　アメリカにおけるヘイトクライムについての規制

1　アメリカにおけるヘイトクライム法をめぐる裁判例

以上のとおり、アメリカにおけるヘイトスピーチの規制は、暴力の煽動や「真の脅迫」の場合に限られているが、人種差別等の偏見に基づいて実行された犯罪を加重処罰することを主な内容とするヘイトクライム法が、連邦法、および多数の州法において存在する。

ヘイトクライム法については、以下に紹介する Wisconsin v. Mitchell 事件において、連邦最高裁裁判例により合憲と判断されており、実務上はヘイトクライム法の合憲性は確立しているといえる。

Wisconsin v. Mitchell（一九九三年）

［事案］：ミッチェルを含む黒人の少年たちが、「あそこに白人の少年がいる。やっつけに行こう」などと呼びかけ、たまたま通りかかった白人少年に暴行を加えたという事案。

ウィスコンシン州法は、被害者の「人種、宗教、肌の色、障害、性的指向、民族的出自、または起源に関する行為者の思想、または見識」を理由に犯罪行為におよんだ場合には、刑を加重する旨を規定していた。

ミッチェルは、州法の加重暴行罪で起訴され、有罪判決を受けた。通常の加重暴行罪の法定刑は、最大二年の懲役刑であるところ、ミッチェルは最大七年の懲役刑を科すことを可能にするヘイトクライム規定の適用により、懲役四年の判決をいいわたされた。

［連邦最高裁の法廷意見の要旨］：連邦最高裁は、九人の裁判官全員一致の法廷意見により、以下のとおり、ウィスコンシン州法を合憲と判断した。

「R.A.V.判決では、条例は明確に表現に向けられているのに対し、本件ウィスコンシン州法は修正1条で保護されない行為に向けられている。同法は、偏見を動機とする行為につき、それらが個人、および社会に大きな害悪をもたらすと考えられているため、加重対象として選び出した。このような害悪からの救済という州の目的は、刑の加重条項について適切な説明を与えるものであり、攻撃者の信条や偏見への単なる不同意を超えるものである」（傍線筆者）

このように連邦最高裁は、アメリカ憲法修正第1条で保護される表現と、保護されない行為を峻別したうえで、偏見を動機とする犯罪「行為」を対象とするヘイトクライムの規制については、合憲と判断している。

2　アメリカの連邦法および各州法におけるヘイトクライム法の紹介

アメリカには、連邦法および多くの州においてヘイトクライム法が制定されているため、以下条文を紹介する。

(i) 連邦ヘイトクライム法（18 U.S.C. § 249）

二〇〇九年に成立した連邦レベルのヘイトクライム法であるシェパード・バード ヘイトクライム防止法においては、①現実の、または認識上の人種、肌の色、宗教、民族的出自を理由とした、または、②州際・国際通商に関連して、または連邦の特別な領域管轄内での、現実の、または認識上の宗教、民族的出自、性別、性的指向、性自認、障害を理由とした、故意の傷害、およびその未遂をヘイトクライムとして処罰している。[*5]

ヘイトクライムについては、通常は一〇年以下の懲役、もしくは罰金、またはこれらの併科の刑が科せられ、(i)犯罪により人を死亡させた場合、または、(ii)その犯罪が誘拐、もしくはその未遂、加重的性的虐待、もしくはその未遂、または殺人未遂の罪に触れる場合については、有期、もしくは終身の拘禁、もしくは罰金、またはこれらの併科の刑が科せられる。

また、アメリカの連邦制のもとでは、通常、犯罪の訴追については州が行なうことが多く、ヘイトクライム法においても、連邦政府が訴追の主体となれるのは、①州が管轄権を有しないこと、②州が連邦政府に対し管轄権の行使を要請したこと、③州による起訴により得られた評決、もしくは判決が、偏見を動機とする暴力の根絶に対する連邦の利益を擁護していないことが明らかであること、④合衆国による訴追が公益に合致し、実質的正義の確保のために必要であること、これらのいずれかの要件を満たすときに限られている。

したがって、連邦政府による二〇〇九年シェパード・バード　ヘイトクライム防止法のもとでの訴追件数は、二〇一五年三月時点の情報で、二八件、六五名にすぎず、アメリカで発生するヘイトクライムの大部分は、各州の刑法によって訴追されている。*6

(ii)　州のヘイトクライム法①イリノイ州ヘイトクライム法

アメリカでは連邦制のもと、各州によって刑法典が異なり、ほとんどの犯罪が州により訴追されている。上述のとおり、ヘイトクライムについても、実務上は、連邦法ではなく、州法により訴追されることがほとんどである。

ヘイトクライム法を有する州は四〇以上にのぼるが、*7 以下では、大都市をかかえて日本にもなじみが深く、かつ裁判例も豊富な、イリノイ州、ニューヨーク州、およびカリフォルニア州のヘイトクライム法の条文を紹介する。

イリノイ州では、一九九一年に現行のヘイトクライム法が制定され、数次の改正を経て、現在は以下の規定が設けられている。

＊5……ローラー・ミカ「ヘイトクライムに関するアメリカの連邦法」『外国の立法』(二五八号、二〇一三年)

＊6……米国司法省ウェブサイト。https://www.justice.gov/accomplishments (二〇一六年六月三〇日確認)

＊7……アメリカ各州におけるヘイトクライム法の制定状況については、例えば、ユダヤ系のＮＧＯである、Anti-Defamation League のウェブサイトを参照。http://www.adl.org/combating-hate/hate-crimes-law/

720 ILCS5／12-7.1：

（a）個人、または複数人の現実の、または認識された人種、皮膚の色、信条、宗教、祖先、性別、性的指向、身体的、もしくは精神的障害、または民族的出身を理由にして（なお、他に動機を構成する要因があるかどうかは問わない）、［訳注：省略（刑法の各条文）］において定義される暴行、傷害、加重暴行、軽罪窃盗、住居侵入、器物損壊、暴徒行為[*8]、秩序紊乱行為[*9]、電子通信、または電話を利用した嫌がらせを行なった者には、ヘイトクライムが成立する。

（b）サブセクション（b-5）に定める場合を除き、ヘイトクライムは初犯の場合には第四級重罪、再犯の場合には、第二級重罪となる。

（b-5）以下の場合には、初犯のヘイトクライムは第三級重罪、再犯の場合には、第二級重罪となる。

（1）教会、シナゴーグ、モスク、または宗教的礼拝やその他の宗教的な目的のために使用される建物、建造物、場所。

（2）墓地、埋葬所、または埋葬、または死者の記憶を目的とした施設。

（3）学校その他の教育施設（行政事務施設、または学校と関係する公私の寮の施設を含む）。

（4）公共の公園、または、民族的、もしくは宗教的コミュニティセンター。

（5）上記（1）から（4）に所在する不動産。

（6）上記（1）から（4）に所在する不動産から一、〇〇〇フィート以内の公道。（以下略）

(ⅲ)　州のヘイトクライム法②ニューヨーク州ヘイトクライム法

ニューヨーク州では、二〇〇〇年に現行のヘイトクライム法が制定され、数次の改正を経て現在は、以下の規定が設けられている。

NYPL485.05：

「指定された犯罪[*10]」を犯し、さらに以下のいずれかに該当する場合、ヘイトクライムを構成する。

（a）犯罪の対象者、または犯罪の対象として意図していた者を、人種、皮膚の色、民族的出身、家系、性別、宗教、宗教的実践、年齢、障害、または性的指向に関する信念、または認識に基づいて意図的に選択した場合。上記の選択に際しては、これらの信念、または認識が選択のすべて、または重要な理由となっている必要があるが、信念や認識が正しいかどうかは問わない。

（b）「指定された犯罪」、または「指定された犯罪」のすべて、または重要部分を構成する行

---

*8……「暴徒行為」について、イリノイ州の刑法は、以下のとおり定めている（ILCS720 5／25-1）。
次のいずれかの行為におよんだ者には、暴徒行為の罪が成立する：
(1)二人以上の者が、法律上の権限なく、知りながらまたは無謀に、平穏を害する暴力を用いたこと：
(2)重罪又は軽罪を実行又は教唆する意図で、二人以上の者が集会すること：
(3)（略）

*9……「秩序紊乱行為」について、イリノイ州の刑法は、以下のとおり定めている（720 ILCS 5／26-i）。
(1)他人を威嚇又は妨害するなど不合理な態様の行為におよび、平穏を害した場合
(2)～(13)以下（略）

為を、人種、皮膚の色、民族的出身、家系、性別、宗教、宗教的実践、年齢、障害、または性的指向に関する信念、または認識に基づいて行なった場合。上記の選択に際しては、これらの信念、または認識が正しいかどうかは問わない。

ⅳ 州のヘイトクライム法③カリフォルニア州ヘイトクライム法

カリフォルニア州では、一九八四年に現行のヘイトクライム法が制定され、数次の改正を経て現在は、以下の規定が設けられている。

Cal. Pen. Code § 422.55(a)：

（a）ヘイトクライムとは、以下に記載された被害者に関する一つ、または複数の現実、または認識された特徴を、[*11] 全部、または一部の理由として、実行された犯罪行為をいう。

（b）ヘイトクライムは、422.6違反の行為を含むが、これに限られない。

§ 422.6：

（a）何人も、法の外観のもとであるか否かを問わず、セクション422.55（a）に記載された被害者に関する一つ、または複数の現実、または認識された特徴を全部、または一部の理由として、有形力、または有形力を用いるという脅迫によって、故意に、他人を傷害、暴行、干渉、抑圧、または脅迫し、州憲法、もしくは州法、または連邦憲法、もしくは連邦法により保障された権利、または特権の自由な行使、または享受を妨げてはならない。

§422.7：

422.6で罰せられる者を除き、ヘイトクライムが、州憲法、もしくは州法、または連邦憲法、もしくは連邦法により保障された権利、または特権の自由な行使、または享受を、萎縮、または妨害する目的で、人、または財産に向けて行なわれ、以下の各号に該当するときは、州刑務所における懲役に該当する場合を除き、一年以下の懲役、1170条（h）に定められた懲役（訳注：一六カ月、二年、又は三年の懲役を指す）、一〇、〇〇〇ドル以下の罰金、または懲役と罰金に科せられる。

（a）人に向けられた犯罪においては、暴力的な損傷をもたらす能力があったか、または実際に物理的な傷害をもたらした場合。

（b）物に向けられた犯罪にあっては、九五〇ドル以上の損害を与えたこと。

（c）ヘイトクライムを犯した者が、過去に422.6（a）、または（b）の罪、または422.6（a）または（b）の共謀の罪で有罪判決を受けたことがあること。

＊10……「指定された犯罪」とは、NYPL485.05条第3項に定義され、暴行、傷害、器物損害、ハラスメントなど多岐にわたる犯罪がこれに該当する。

＊11……⑴障害、⑵ジェンダー、⑶国籍、⑷人種又は民族性、⑸宗教、⑹性的指向、⑺上記の一つ、または複数の特徴を有する個人、または団体。

§422.75：

422.7で定められる場合を除き、重罪、または重罪の未遂に該当するヘイトクライムを犯した者は、裁判所の裁量により、一年、二年、または三年の州刑務所における追加の懲役刑を科せられる。

(v) 州のヘイトクライム法・まとめ

以上のとおり、これら三州のヘイトクライム法を見ると、通常は犯罪化されていない行為がヘイトクライム法により犯罪化されるか（例えば、カリフォルニア州刑法の§422.6（a）の後段を参照）、通常の犯罪行為に対する刑罰が、差別的動機を理由に加重されていることがわかる。また、イリノイ州のヘイトクライム法は、学校その他の教育施設や、民族的もしくは宗教的コミュニティセンターに対して行なわれたヘイトクライムを、通常のヘイトクライムよりも重く処罰していることも特徴的である。

以上の三州のヘイトクライム法の実際の運用過程、および判例については、今後さらなる研究を行なう必要があるが、条文を見るかぎりでは、京都朝鮮学校襲撃事件のような差別的動機が明白なヘイトクライム事案については、差別的動機がない犯罪にくらべて、これら三州のヘイトクライム法は厳しい処罰を科していることは明らかである。

ヘイトクライム法があったとしても、法律を適切に運用するしくみがなければ、ヘイトクライム被害者の保護は画餅に帰してしまう。以下では、筆者が調査、および関係者のヒアリング調査を行なうことができたイリノイ州シカゴにおける運用状況について紹介する。

◈4　ヘイトクライム法を適切に運用するための試み

1　ヘイトクライムに関する統計の収集

アメリカでは、連邦レベルでもヘイトクライムに関する統計の収集が行なわれているが、[*12] イリノイ州においては、法律によってヘイトクライムに関するデータの収集が義務づけられており、イリノイ州警察は、警察官に対して、ヘイトクライムの確認方法、ヘイトクライムへの対応方法、およびヘイトクライムの報告方法についてのトレーニングを提供するものとされている。[*13] ヘイトクライムのデータ収集に際しては、イリノイ州警察が作成した様式が使用されており、[*14] 様

＊12……日本語の文献としては、ローラー前掲注5を参照。
＊13……20 ILCS 2605／2605-390
＊14……様式については、イリノイ州警察のウェブサイトから入手できる。http://www.isp.state.il.us/docs/2-421a(01-14).pdf

式では、ヘイトクライムの動機、発生場所、被害者および加害者の属性、犯罪の種別毎にデータを収集している。

収集されたヘイトクライムに関するデータは毎年公表されており、ヘイトクライムの被害が深刻な集団や、ヘイトクライムの件数の増減傾向を把握し、予算や人員の配分・ヘイトクライムに関する政策形成に生かすことができる。

参考までに、二〇一四年度においては、イリノイ州において一一三件のヘイトクライムが報告されており、そのうち人種を動機とするものが五九件、セクシュアリティを理由とするものが二六件、宗教を理由とするものが一四件、その他の民族性を理由とするものが一四件を占めている。[*15]

2 ヘイトクライムに関するトレーニングの提供および警察・検察における専門部署の設置

上述のとおり、法律上、イリノイ州警察は警察官に対して、ヘイトクライムの確認方法、ヘイトクライムへの対応方法、およびヘイトクライムの報告方法についてのトレーニングを提供するものとされている。

また、イリノイ州の最大都市であるシカゴ市は、さまざまな人種・民族的、宗教的背景をもつ者が共存している一方で、多くのヘイトクライムが発生している。イリノイ州においても、ヘイトクライムの被害者は、差別的動機に鈍感な警察に対する不信感や、二次被害を受けるのではないかという恐れなどから、警察に被害を申告しない例や、被害を申告する場合であっても、犯罪の動機について申告をしない事例も多いと指摘されている。

そこで、ヘイトクライムに適切に対応するため、シカゴ警察には「市民権ユニット（Civil Rights Unit）」と呼ばれる特別の部署が設けられている。二〇一四年一〇月時点において、同部署の部長はレズビアンの女性警察官であるほか、黒人の警察官も配置されており、ヘイトクライムの被害者が、警察に対してアプローチがしやすいような体制の整備につとめている。市民権ユニットの警察官は、地域コミュニティへのヘイトクライムについての勉強会・啓発活動を行なうなど、ヘイトクライムの被害者が警察に対して申告をためらわないような配慮がとられている。

ヘイトクライム法を適切に運用するための試みは、警察のみならず検察のレベルでも行なわれている。筆者は二〇一四年一〇月に、シカゴ市で開催された警察関係者、検察関係者、研究者、NGO関係者がヘイトクライムについて議論する「ヘイトクライムサミット」に参加する機会を得た。そこで出会ったクック郡（シカゴ市は同郡に含まれる）を管轄する検察庁のヘイトクライム訴追担当部の検察官には、シーク教徒の女性検事がおり、彼女の話では、シーク教徒はヘイトクライムの深刻な被害者の一人であるから、このような被害者に配慮した人員配置が行なわれているとのことである。[*16]

＊15……イリノイ州警察のウェブサイトを参照。http://www.isp.state.il.us/docs/cii/cii14/cii14_SectionIII_Pg249_to_254.pdf

＊16……シーク教徒は特徴的なターバンを巻いているため、イスラム過激派によるテロ事件が発生すると、シーク教徒をイスラム教徒と誤解したヘイトクライムが増加する傾向がある。

また、クック郡には、警察関係者、検察関係者、黒人やＬＧＢＴ、ユダヤ教徒など、ヘイトクライムの被害者団体の代表などによって構成され、ヘイトクライムに関する起訴・不起訴が適切であったかどうかを判断するために設けられたヘイトクライム助言および訴追委員会（Hate Crime Advisory and Prosecutions Council）が置かれている。ヘイトクライムの検察官の訴追基準が厳しすぎないか、ヘイトクライムを適切に訴追するためにはどのような捜査や地域コミュニティとの連携が必要になるか、などが議論されている。

3　ヘイトクライム被害者への相談体制の整備

ヘイトクライム被害者に対する相談体制の整備についても手当がなされている。具体的には、シカゴ市には条例に基づき、コミュニティ連携委員会（Commission on Human Relations）が設けられている。

この委員会には、カウンセラーの資格をもった職員が複数在籍しており、ヘイトクライムの被害者は、この委員会への連絡を通じてプロボノ弁護士の紹介やカウンセリング、支援団体へのとりつぎ、裁判所への被害者のつきそいなどの支援を受けることができる。また、同委員会は、ヘイトクライムを防止し、多様な背景をもつものが共生できるための啓発活動につとめている。[*17]

◆5　日本への示唆および提言

こうしてアメリカのヘイトクライム法制を概観すると、日本において、いかにヘイトクライムに対する法整備が不十分なものであるかが明らかになる。

シンポジウム冒頭で流した在特会などによるヘイトスピーチ・ヘイトクライムの映像のなかで訴追されたのは、京都朝鮮学校事件の一件のみである。朝鮮大学の前での街宣や、新大久保や鶴橋などの集住地域での街宣については、現行法上も業務妨害や脅迫等での法適用が可能と考えられるが、これらについては、起訴等が行なわれたことはない。

もとより、ヘイトクライムの被害者に特化したサポートを提供する公的機関は存在せず、警察にはマイノリティの感受性に富んだものが採用されているとはいえない。そもそも、在日コリアンのうち、日本国籍を有しない者については警察官や検察官になることはできないため、マイノリティに対する犯罪に敏感な人材が組織内部で育ちにくく、ヘイトクライムに対する対応の遅さを招いている。

さらには、唯一起訴・判決にいたった京都事件についてすら、被害者による刑事告訴から起訴にいたるまでには九カ月もの期間を要している。また、京都事件の判決では、執行猶予付判決という

＊17……同委員会のウェブサイトについては、以下を参照。http://www.cityofchicago.org/city/en/depts/cchr.html

点で、差別的動機がない事件と同程度の刑しかいいわたされなかった。これでは被害者の、警察や検察、裁判所を含む刑事司法に対する不信感がつのることも当然といわざるをえない。

以上の議論をふまえて、ここでは、以下の提言をもって結びとしたい。

まずは、不特定を対象としたヘイトスピーチに対して、何らの対応もとられていないことはもちろん、特定人などに向けられたヘイトクライムについても、現行法の対応は著しく不十分ということが認識されなければならない。そのうえで、差別的動機がある場合については、刑罰を加重すること、ヘイトクライムについての情報収集を行ない、情報を毎年公開すること、警察に対してヘイトクライム教育を行なうことを最低限の内容とするヘイトクライム法制を導入すべきである。

また、立法や条例により、ヘイトクライムの被害者をサポートする公的機関を設置し、ヘイトクライムの被害者に対するカウンセリング・サービス、弁護士紹介、マイノリティ支援団体への連携などを最低限盛りこむべきである。また、こうした公的機関の担当員などには、在日コリアンを配置するなど、二次被害を防ぎ、被害者が相談しやすい体制を整備することが不可欠である。

〔了〕

パネル
ディスカッション

ヘイトスピーチはどこまで規制できるか

板垣竜太（同志社大学教授・朝鮮近現代社会史）
木村草太（首都大学東京教授・憲法学）
＊
金哲敏（弁護士・LAZAK会員）
金竜介（弁護士・LAZAK代表）
李春熙（司会／弁護士・LAZAK会員）

12・5ディスカッションが目指したもの

以下では、二〇一五年一二月五日に開催されたシンポジウム「人種差別撲滅のために〜ヘイトスピーチはどこまで規制できるか」におけるパネルディスカッションの内容が収録されている。

ディスカッションでは、実際にヘイトスピーチを「どこまで」規制できるかが議論された。

日本社会では、いまもなお「ヘイトスピーチの法的規制は、憲法の保障する表現の自由を侵害するから許されない」という意見が根強い。また、規制の必要性を一定程度認める論者からも、「現行法をうまく利用することで十分に対応可能である／まずは現行法による対応を優先すべき」という意見が散見される。

そのような意見にとどまっているかぎり、「具体的にどのような態様のスピーチであれば現行法で対応可能なのか／現行法でも対応できない部分はどこなのか」、「極めて悪質で、被害の大きいスピーチであっても、現行の憲法上は絶対に規制が許されないのか／ある部分のヘイトスピーチについては、規制は許されるのではないか」という、具体的な議論に到達することができない。私たちは今回のディスカッションで、そのような現状をのりこえることを目指した。

私たちは、規制の具体的あり方に立ち入った議論のために、規制の対象となりうるスピーチを、それが向けられた対象と、その内容・態様により分類して考察することが有用と考えた。

「対象による分類」とは、そのスピーチ等が、特定の個人・団体に向けられているのか、それとも公開・公共の場で、不特定多数に向けられているのかに応じた分類である。

ディスカッションでも言及されているが、スピーチが、特定の個人に向けられている場合、現行法上も侮辱、名誉毀損、強迫等の犯罪に該当して規制の対象となる。一方で、不特定多数に向けられたスピーチは、被害者が特定されていないから、特定個人の法益保護を目的とする現行法では規制がおよばないと考えられている。

また私たちは、対象を単に特定／不特定で二分するのではなく、いわばその中間的カテゴリーとして、マイノリティ集住地区において、当該地区に居住ないし存在する不特定多数の者に向けられたスピーチをとりあげて検討対象とした。実際の例でいえば、鶴橋（大阪にある在日コリアン集住地区）の公道で、「鶴橋大虐殺を実行しますよ！」などがそれであり、このようなスピーチは、不特定多数に向けられたスピーチ一般とは別個の考察が必要であると考えた。

このように、スピーチが向けられた対象により、現行法上の取り扱いや、立法による規制可能性に差があると一般的に考えられていることから、まずは「対象による分類」を行なった。

なお、注意しなければいけないのは、発言内容自体は、「○○人は○○だ」という人種・民族一般に向けられた文言で構成されていても、当該発言が具体的な個人に向けて発せられている場合は、当該スピーチは、特定個人に向けられたものと解釈できるということである（例：目の前の特定の韓国人に向かって「韓国人はゴキブリだ」と述べた場合、特定個人に対する侮辱等に該当する）。

次に、規制の対象となるスピーチを、その内容・態様により分類した。

いわゆるヘイトスピーチの内容・態様は千差万別であり、明快なカテゴリー分けは困難である。私たちは、規制の必要性が極めて高いスピーチは何か、という観点から、特に悪質な、「○○人を殺せ、○

○人の家に火をつけろ」といった「生命・身体等への害悪の告知、犯罪煽動」にあたるスピーチを検討の対象とした。また、「○○人は日本から出て行け、○○人はゴキブリだ」など、「集団に対する誹謗・名誉毀損、差別煽動」にあたるスピーチも、規制の必要性・可能性があるカテゴリーとしてとりあげた。

このような言動は、ヨーロッパ諸国など多くの国では刑事罰を含む規制の対象となっており、また、人種差別撤廃条約も規制を要請している。

このようにヘイトスピーチを、対象により三種類に、内容・態様により二種類に分類し、これらを組み合わせることで計六種類のカテゴリーに分類することができる。

ディスカッションでは、実際にこの六分類を利用して、日本社会で実際に行なわれているヘイトスピーチのうち、どの部分が現行法で対処可能であり、どの部分が対応困難か、また、少なくともある一定のヘイトスピーチは、法律で規制することは憲法上も許されるのではないか、などの具体的な議論を行なった。

私たちは、シンポジウムでのディスカッションに備えて、事前にこのような六分類にしたがって実際のヘイトスピーチ事例を整理するとともに（一三三頁参照）、さらにそれぞれのカテゴリーについて、現行法上どのような法的対応が可能か、そしてそれで十分かについて整理し（一三九頁参照）、新たに立法を行なう場合に想定される規制のあり方などを整理した（一四七頁参照）。

なお、六種類のカテゴリーに便宜上番号を付した。例えば、「特定の個人に向けられた、生命・身体等への害悪の告知、犯罪煽動」のカテゴリー（表の左上）を①とし、「公開・公共の場で不特定多数に向けられた、誹謗・名誉毀損、差別煽動」のカテゴリー（表の右下）を⑥とした。

（李春熙）

パネルディスカッション

ヘイトスピーチはどこまで規制できるか

司会・李春熙《リチュニ》(以下、司会):弁護士の李春熙と申します。よろしくお願いいたします。

本日のパネルディスカッションは、シンポジウムのタイトルどおり「ヘイトスピーチはどこまで規制できるか」ということについて、なるべく直球勝負で議論を進めていきたいと思っています。

昨今、「ヘイトスピーチ」という言葉は、それ自体がきちんと定義づけされないまま、流行だけしているという状況にあります。そのため、ヘイトスピーチを規制すべきか、あるいは規制すべきでないかを議論するときにも、具体的な話を抜きに抽象的な話に終始するなど、「空中戦」といいますか、議論のとっかかり自体がうまくついていない印象をもっています。本日はなるべく具体的な内容に立ち入って議論することを目指して進めていきたいと考えています。

まず、法規制の論議に入る前にヘイトスピーチの被害実態を共有したいと思います。

近年増加しているヘイトスピーチによって在日コリアンやマイノリティにどのような被害が生じているのか。あるいはそれによって私たちの社会が一体どういう影響を受けているのか。これらを具体的に認識してその実情を共有した上で、法規制の議論に入っていきたいと思います。

1　ヘイトスピーチによる被害とは?

司会：それでは議論に入っていきます。本日の前半[*1]のさまざまな報告や動画（在特会らのヘイトスピーチデモ・街宣の像映）もふまえて、いまの日本におけるヘイトスピーチの被害の現状についてどう認識されているか、みなさんお話しください。

金竜介《きんりゅうすけ》：まず感じるのは、日本人の受けとめ方と私たちの受けとめ方はまったくちがうということです。

私たちは、さまざまな集会で、「ヘイトスピーチは必ずジェノサイド、虐殺につながる」、「言葉の暴力は肉体的な暴力につながる」という話をしています。しかし、それは象徴的な話にすぎないというように受けとっている人が多いのではないかと感じています。つまり、いまの日本で虐殺なんて起きるわけがないけれど、それぐらいひどいね、という意味で話しているんだろうと。そういう受けとめ方です。

＊1……本シンポジウム前半のプログラムは以下の順で行なわれた：板垣竜太氏の基調報告「日本のレイシズムとヘイトスピーチ」（本書九頁〜）／「ヘイトスピーチによる被害の実態」の報告（金星姫、安原邦博・本書五一頁〜参照）／「アメリカにおけるヘイトスピーチ規制」（金昌浩・本書八六頁〜参照）。

しかし、私たち在日コリアンにとって、ヘイトスピーチはそういうものではありません。私たちはいまに殺されるのではないか、と本気で考えているのです。

みなさんはバスに乗っているときに、他の乗客がいきなり自分に襲いかかってくると想像することはないと思います。しかし、私たちはそうではないんです。

先ほど流されたヘイトデモの映像を私は何十回とみています。わずか五分たらずのものですが、あの映像に慣れるということはない。この集会の準備のためにあれを一人でみていたときには、本当に涙が出ました。

私たちがこういった話をすると、「気にしなければいいじゃないか」、「いいたいやつにはいわせておけばいいいんだよ」、「あんなやつらを相手にする必要はない」といわれることが多いです。

昨年（二〇一四年）、近畿弁護士会連合会がシンポジウムを行ないました。冒頭で、ヘイトスピーチ問題にとりくんでいる弁護士がこのような問題提起をしました。

あなたが外国人の子どもを連れていたときに、「朝鮮人をぶっ殺せ」と叫ぶ団体に出会ったらどうするだろうか。本来であれば、そう叫んでいる人間からマイクをとりあげて、「子どもがおびえるからそういうことはやめろ」というべきだろう。しかし、私たち一人ひとりはそんなことはできない。ではどうしたらいいのか。法律をつくらなければいけないのではないか。そういう呼びかけでした。

子どもを連れているときに「朝鮮人を殺せ」という団体に出会ったらどうするか。この問いに対する私たち在日コリアンの答えは決まっています。子どもの手をひいて黙ってその場から離れます。

子どもにはこういいます。「おかしな人たちがやっているんだから気にしなくていいよ」と。毎週日曜日に散歩に出かけるような公園だったら、もう二度とそこには行きません。

そしてもう一つ、「ああいう人たちもいるから、自分が朝鮮人だということをあまり他人にいわないほうがいいよ」と。

つまり、私たち在日コリアンが子どもに教えられるのは、「逃げろ」、「気にするな」、「隠せ」、これしかないのが現状なんですよ。

近畿弁護士会連合会のこの弁護士は、本当にそれでいいんだろうか、と問いかけてくれました。しかし、そのような弁護士は、残念ながら多数派ではありません。多くの弁護士は被害の大きさを理解できないでいます。市民の人権を守っていると自負する弁護士ですらです。

ヘイトの被害について、日本人の受けとめ方と私たちのそれとはまったくちがうということ、まずはそれを確認したいと思います。

司会：次に金哲敏さんにうかがいます。いまの竜介さんの発言もふくめ、あるいは個別の報告のなかで、六類型にわかれる報告（⇩本書一二三頁参照）もありましたが、哲敏さんからみると、いまの被害のなかでどういった点が問題と考えていらっしゃるかについてコメントをお願いします。

金哲敏《キムチョルミン》：マイノリティがどういう脅威を感じているか、それはマジョリティの立場ではなかなかわからないんだろうな、とは思います。

私たち在日の歴史のなかで、関東大震災のときに朝鮮人が虐殺されたことは、非常に重い歴史です。当時、何人の朝鮮人が死んだのか、どういうふうに殺されたのか、それらについての政府の正式な調査はありません。

当時、虐殺に加担した人に対しての処罰は多少されていますが、彼らを自警団とみなし、よかれと思ってやったということで、軽い処罰で終わっています。軍や警察の関与についてはまったく処罰されていません。秘密裏に処理されて終わっています。だから、またもう一度、この国で虐殺が起きないとはかぎらないと考えてしまいます。

震災時の混乱に乗じて朝鮮人の虐殺が起きた、それは悪いことだった、という話がなかったことにされているのが現状ですから、また同じことが起きるのではないかという恐れを、私たちは本当にもっています。

道を歩いているだけで襲われて殺されるかもしれないというほどなのかといわれれば、そうではないかもしれません。しかし在日コリアンの仲間うちで、日本で大きな地震が起きたら、まず虐殺が起きていないかをニュースで確認するよね、と話をするのはわりと真に迫った話です。

そういう感覚は、やられる可能性がある人と、まったくやられる可能性のない人とでは、だいぶ受けとり方がちがうでしょう。

例えば、私が女性の人権について話をしても、本当に女性の立場に立って考えているのか、女性たちの気もちをわかっているのかといわれれば、いつも自信がありません。民族的マイノリティとマジョリティの問題も、立場をおきかえて考えるというのはなかなか難しいことです。

ヘイトデモの映像をみてどう感じるか、マジョリティとマイノリティとではその危機感はまったくちがいます。そういう意味で、マジョリティの側が、マイノリティが感じている被害を分析するのは難しい。それが最初のハードルだと思います。

司会：次に板垣さんにおうかがいします。

基調報告（⇩本書九頁〜）のなかでも京都の朝鮮学校襲撃事件（二〇〇九年）の裁判にかかわったご経験から報告がありました。京都の朝鮮学校への攻撃によって、学校の生徒、関係者、あるいはコミュニティに生じた具体的な被害の内容について、改めてコメントをいただければと思います。

板垣竜太：私は学校当事者ではないので、リアリティをもって語りうる立場にはありません。また、京都の朝鮮学校襲撃事件が起きたとき、私はたまたま京都を離れていた時期でもあったので、現場にいられなかったことのくやしさというか、申し訳なさしかもっていませんでした。私は事件当時のことについてはあとから徐々に知ることになりました。特に、中村一成《いるそん》さんがルポを書いてくださったことで、ポツポツと聞いてはいたけれども、こういう状況だったんだということがわかってきました。

被害にあった第一初級学校は事件後、二〇一二年に第三初級学校と統合しました。そのことを四月初めに日本の某新聞が報道しました。報道されたことを知って、先生方や保護者たちは動揺しました。統合して学校が別の場所に移るという報道がされただけで、またあの人たちが来るかもしれない、とまず考えたわけです。

そのころは前ほどの頻度ではなくなっていましたが、継続していた朝からの見守りをまた強化しなければいけない、ということになり、始業式から見守りをしていました。何かあると常に彼らが来るんじゃないかと考え、そのための対策を講じなければならなくなるわけです。

実際に、この問題についてヘイトクライムという枠組で同志社大学でシンポジウムを開いた際には、大学の校門前まで彼らは来ています。そういうことがあると、もし彼らが大学のなかまで入ってきたらどうやって止めるか、という話にも発展しますし、あるいは、二〇〇九年の事件に遭遇した人からすると、また事件を反復してしまうのではないか、という恐れも起こる。

だから、事件が起きてからは情報の発信のし方にも慎重にならざるをえない。いろいろなことをインターネット上に出さないようになる。本来は集会ですからバンバン宣伝したいのですが、自制・萎縮せざるをえないというような、そういった影響ももたらされていました。

司会：追加して、先ほどLAZAKのお二人から、なかなかマジョリティにはマイノリティのことは理解しにくいのではないか、というお話がありました。それについては日本人として率直にどのように思われますか。

板垣：それはそうだと思います。現在、私自身は他の民族・人種の人たちに囲まれているというような関係にはないということを考えても、脅威の感じ方はちがうだろうと思います。

例えば、私もネットで「板垣竜太」と検索すると、いろいろなことが書かれています。大学院生時代はうれしがって自分の名前を検索していたものです。でも、最近はもう自分の名前は検索しません。小学生の娘に「昨日お父さんの名前をネットで検索したよ」といわれても、「なんでそんなことするんだよ」、「友だちにもお父さんの名前を簡単にいうな」といいます（会場笑。以下（笑）と略）。

でも私の場合は、何かをやられたにしても、それをみなければそれですみます。せいぜい私の発言に、「反日左翼」とレッテル貼りされるくらいのことです。なかに一割ぐらいは「板垣竜太は在日だ」というのが混ざりますが（笑）。つまり、変えられない私の属性についてものをいわれるわけではない。さらに、そのことで身体の脅威まではいまのところ感じたことはない。

そうしたことを考えても、感じ方のちがいはあるといえるでしょう。やはり現代日本で民族的少数者として生きるときに感じる脅威というのは、さまざまな人のお話をうかがっていても、非常に強い脅威として受けとめられていると感じています。

司会：続いて木村さんへおうかがいします。法的評価はのちほど議論します。同じ質問で、今日の報告を含め、日本で起きているヘイトスピーチ、ヘイトクライムの被害状況について、率直な感想をお話しください。

木村草太：まずいま聞いていて思うこと、あるいはこの手のニュースにふれていて感じることは、明らかに規制すべきものが規制されていないということです。

これを否定される方はおそらくいないのではないかと思います。

私は憲法学者ですから、「ヘイトスピーチについてどう思われますか」と聞かれれば、憲法解釈の基本に照らして、「表現の自由は尊重しなければならない」的な発言をすることが多いです。ただ、そういうと「ヘイトスピーチなんてどうでもいいと思っているんだろう」と思われがちですが、そうではありません。私の立場としては、表現の自由のために規制してはいけない一線はある、しかし現状は、絶対に規制すべきラインを超えた行為がなされているのに、規制されていない。このことについては、まったく否定するものではありません。

では、規制しなければならないラインはどこか、ということについてはこのあとお話をさせていただきます。

次に、民族的少数者として日本社会で生きる人たちの気もちがわかるのか、ということですが、これはやはり軽々に「わかる」といえるような問題ではありません。

ただ、私も「安保法制は違憲だ」などといっておりましたので、いちおう「反日左翼」の仲間ではあります（笑）。板垣先生ほどではないかとは思いますが、ネット上ではファンタジー世界にしか存在しない「とても悪い木村さん」の情報にアクセスすることができます。そういう意味で、ヘイトスピーチの被害者たちの気もちが少しわかったかなというような体験をしました。

平和遺族会という団体があります。キリスト教徒なのに靖国神社に英霊として祀られている方や、日本兵として戦った朝鮮半島出身の方の遺族などで構成された団体で、靖国神社に祀らないでください、私たちは私たちのかたちで遺族としてお祈りをしたいんですと、そういう活動をやっておられます。その平和遺族会に私は八月一五日に講演を依頼されました。場所は靖国神社の隣の教会だったので、九段下から靖国神社の前を通って行きましたら、靖国神社の前はすごいことになっていました。行かれた方はご存知かと思いますが、普通、巷で署名運動といえば、平和のための署名などが多いと思うのですが、靖国神社の前では、「在日特権」*2を何とかするためにご協力ください、というような署名をやっているのです。そのころは私もしばしばテレビに出ていたので、みつかったらこれは櫻井よしこさんのシンパにたたかれるんじゃないかと思ったりした経験があります。在日朝鮮人の方たちは普段からこのようなことを思いながら街を歩かなくてはいけないのかと考えると、これはやはり大変な心理的負担であろうと思います。

今回の問題へのアプローチは、アルコール依存症の問題によく似ているなと思っています。民族的な出自に照らして何かを評価することは、日常生活でもよくあることです。例えば、よく「イタリア人はいい加減だ」とか、「ロシア人のフィギュアスケートの選手はこうで、アメリカ人にはこういう傾向があるよね」というようなことは、しばしば耳にすることがあると思います。それが冗談や評論の範疇であるなら、特に問題にはならない。しかし、どんどんアルコール度数が濃くなっていけばいくほどに、差別する人にある種の喜びをもたらしていきます。ものすごく濃いアルコールを飲んで楽しんでしまっている人たちが、先ほどみた映像のなかにいる人たちです。

では、こういう状況をどうするか。まず、この人たちは「依存症」なので、依存症に対しては刑罰だけではなかなか解消できないという問題があります。適切な治療を施さないと、ああいう人たちは差別をなかなかやめない。

スマイリーキクチさんという方をご存知でしょうか。彼はネット上で、ある殺人事件の犯人であり、少年院から出所後にお笑い芸人になった、というデマを書かれました。これは完全な名誉棄損

＊2……「在日特権」：在日韓国・朝鮮人は特権を享受し、日本人、または「ほかの外国人」よりも優遇されているというデマ。在日コリアンの歴史的経緯・実情を無視した悪質な言説で、インターネット上や街頭宣伝活動、ビラ等で拡散されてきた。「在日コリアン社会に対するネガティヴ・キャンペーン」「エスニック・マイノリティに対する憎悪煽動」（野間易通）。参照：野間易通『「在日特権」の虚構』（河出書房新社、二〇一三年／増補版：二〇一五年）／安田浩一『ネットと愛国』（講談社、二〇一二年、文庫版：二〇一五年）／金明秀「特別永住資格は「在日特権」か？」（SYNODOS、二〇一四年：http://synodos.jp/politics/11245 ほか）。（編集部）

で、警察が加害者を特定して逮捕するところまでいきました。しかし、逮捕・刑罰を何度くりかえしても、同じ人がずっと同じデマを吐き続ける。そういう被害があったと、スマイリーキクチさんは著書に書かれています。加害者はネット中傷依存症になっているので、刑罰を科してもやめられない状況になっているのです。

アルコール依存症の人からの暴力に苦しんでいる方はたくさんいますが、では、アルコールを全面禁止する禁酒法を制定しますか、となると、憲法学者としては、それはやりすぎでしょう、どこかで線を引かなくてはいけないでしょう、と答えることになります。

では、どこで線を引くのか。そこが法規制の論点なのかな、と感じました。

司会：ありがとうございます。アルコール依存症という比喩がありましたが、ヘイトスピーチの被害や実情をそういったかたちで認識することについていかが思われますか。

金竜介：みなさん、そういうたとえ話には乗らないほうがいいですよ。

私はヘイトスピーチの話をしているんです。

ストーカー規制法が二〇〇五年にできました。その前にストーカーの被害にあった女性は、警察に訴えても、弁護士に訴えても相手にされなかった。脅迫されているならともかく、「私はあなたを愛している」というラブレターを一〇〇回送ることが何で犯罪になるのか、という理屈でした。

現在、ストーカー規制法を憲法違反だという学者を私は知りません。

ストーカーというのは、何回犯罪を犯して罰してもくりかえす、それはそうでしょう。私も覚せい剤使用で前科一〇犯を超える人の刑事弁護をやったこともあります。でもだからそれで何なんですか。ストーカー被害にあっている女性に対して、「ああいうやつは逮捕されたってすぐに出てきてまたくりかえすんだよ、刑務所に入れても無駄だよ、加害者を分析することが必要ですよ」といってどうなるのでしょうか。なぜ被害者の視点から語らないのでしょうか。

同じ話を覚せい剤でたとえたらどうなりますか。覚せい剤の依存症の人の暴力に苦しんでいる人はたくさんいる。刑罰を科すだけで依存は止まらないからといって、覚せい剤の使用を禁止する法律に反対する憲法学者を私は知りません。

私はアルコール依存症の話をしているのではない！　現に「殺せ」といわれているんです。それに対して私たちはどうしたらいいのか、を聞いているんです。

司会：ちょっと議論を整理します。木村さんはたぶん、アルコール依存症を社会における病理の比喩の一つとしておっしゃったのだろうと思います。そこにヘイトスピーチ問題との共通点があるのかないのか、哲敏さんはどう思われますか？

金哲敏：差別が社会の病理だという意味では、似たところがあるというのはおっしゃるとおりと思います。

人種差別ということに対して、これはやってはいけないことだと人類が気づいてから、もう少なくとも何十年も、ひょっとしたら一〇〇年以上経っていると思いますが、いっこうに解決の兆しがみえていない。がんばって封じこめようという努力を少なくとも良心的な人たちがやってきたと思いますが、いま燃えさかっている人種差別の火が下火になっているかというと、必ずしもそうではないですよね。

加害者側、人種差別をやっている側を、どうすればやらないようにできるのか、これに対する根本的なアプローチが何なのか、それに対して明確に答えられる人がいると聞いたことがありません。これだけやれば解決しますとか、これだけやってくださいと、具体的に提示されているわけでもない。差別問題を根治するために加害者をどう変えていくのかということは、それはそれで非常に難しい問題だと思います。

一方で、竜介さんがおっしゃっていたのは、やられている人間というのが目の前にいて、これを救わなくてはいけないという問題は、また別の見方としてはある。この人たちをどう保護するのかという議論も、また危急の問題だと思います。

根治の問題はもっといろいろなアプローチで考えなければいけないが、やられている人間をどう助けるのかというのは、もう差し迫っている問題である。いまの話はそういう話だったと思います。だからその両面を議論しなければいけない。そこを整理してから議論をしたほうがいいかもしれません。

木村：竜介さんの問題意識に引きつけていいますと、私がいいたいのは、刑罰を科しても意味がないということに力点をおいているのではなくて、依存症であるから、継続的な監視のしくみを入れないとむしろまずいだろう、ということです。

刑罰を科すのは当然のことだと思います。しかしその先に、やった人に対して継続的な監視をしていくしくみを入れていかないと、実効的ではないのではないかということです。

竜介さんは継続的な監視をしなくてもいいと考えていらっしゃるのでしょうか？

金竜介：私もそう思います。それは私も賛成ですよ（笑）。ある弁護士がこんなことをいっていました。人種差別というのは、あいつらを一網打尽にして刑務所に閉じこめて、それで解決するもんじゃないぞと。だから法規制は反対だという理屈です。しかし、私たちは別にそんなことをいっているのではありません。

木村さんがさっきいわれた、アルコール依存症をなくすために禁酒法をつくるのかということについては、それは私も反対します。でもそのたとえ方はずるいじゃないですか。同じことを覚せい剤でたとえたら逆の結論になるでしょ。

私は人種差別をなくすためにレイシストを全員刑務所に閉じこめろ、といっているわけではありません。人種差別がある、差別をなくすべきだ、だったらどんな法律をつくるのか、というのがこれからの議論です。

司会：ありがとうございます。ゆっくり行きましょう。

根絶が必要であるという点では、どなたにもそんなに差はない議論だと思います。ただ、もしそれが病理だとしても、この問題がいやがらせや侮辱というようなレベルではなく、まずは人種差別の問題であるという認識が重要なのではないかと思います。

京都の朝鮮学校への襲撃事件の判決では、この事件が人種差別に基づくものであるといったことについて、どう判示されたのか、板垣さんにもう一度お話しいただければと思います。

2 京都朝鮮学校襲撃事件の判決にみる「人種差別」認定

板垣：判決で言及されたのは、まず人種差別撤廃条約の条文の第1条、人種差別の定義ですね。「人種差別」について、「人種、皮膚の色、世系又は民族的若しくは種族的出身に基づくあらゆる区別、排除、制限又は優先であって、政治的、経済的、社会的、文化的その他のあらゆる公的生活の分野における平等の立場での人権及び基本的自由を認識し、享有し又は行使することを妨げ又は害する目的又は効果を有するものをいう」といっています。

判決ではまず、校門前での加害者側の発言一つひとつをとり出して、それが条文でいう人種差別に該当すると認定しました。彼らは、朝鮮学校の生徒たちに対して「日本からたたき出せ」とか、「保健所で処分しろ」とか、人間でないかのようなさまざまなことをいったわけですが、判決は、「在日朝鮮人が日本社会において日本人や他の外国人と平等の立場で生活することを妨害しようとする発言である」、「在日朝鮮人に対する差別的発言であるといって差し支えない」というい方をしています。

それから、「いずれも、在日朝鮮人に対する差別意識を世間に訴える意図の下、在日朝鮮人に対する差別的発言を織り交ぜてされたものであり、在日朝鮮人という民族的出身に基づく排除であって、在日朝鮮人の平等の立場での人権及び基本的自由の享有を妨げる目的を有するものといえるから、全体として人種差別撤廃条約1条1項所定の人種差別に該当するものというほかない」と判決文に出ています。

ちなみに、第1条第2項では、「市民と市民でない者との間に設ける区別、排除、制限又は優先については、適用しない」とあります。つまり、締約国の市民権をもっていない人ともっている人との「格差」みたいなところまでは適用しないというニュアンスのことも、条約には書かれています。これを在特会側は改めて主張してきました。

要するに、外国人なんだから人種差別撤廃条約は関係ないじゃないか、といったことを在特会側はいってきたのですが、高裁判決は、「本件示威活動における発言は、その内容に照らして，専ら在日朝鮮人を我が国から排除し、日本人や他の外国人と平等の立場で人権及び基本的自由を享有することを妨害しようとするものであって、日本国籍の有無による区別ではな」いということで、国籍がないから人種差別撤廃条約は適用しない、という在特会側の主張は、民族的差別の問題ということで一蹴しています。

司会：地裁も高裁も、この件は人種差別の問題だと正面から認めてくれたという理解でいいのでしょうか。

板垣：高裁のほうがより条約の適用に関しては慎重ないい方をしていましたが、その点については、つまり彼らのやっていることは人種差別撤廃条約が禁止しているもの、撤廃しなければいけないといっているものに相当すると認定した点では一致しています。

司会：一方でこの判決を、現行法の枠内で名誉棄損と業務妨害で処理したにすぎないのではないかという意見もあるようですが、そういった見方の妥当性について、哲敏さんいかがでしょうか。

金哲敏：京都地裁の判決では、人種差別撤廃条約に加入している以上は、日本は国として人種差別を撤廃すべき義務がある、国がそういう義務を負っているのであるから、国の機関である裁判所もそういう義務を負っている、といっています。

ただ、裁判所は行使できる権限が法律で決まっています。いまある法律を使って個別具体的な裁判で結論を出して判決をくだすという、いわゆる司法権という作用しか裁判所は行使できません。なので、現行の法律の範囲で裁判所は条約の義務を履行すべきだと、判決はいうわけです。

京都事件の民事裁判は、不法行為によって損害を被った人が、損害賠償を請求した裁判です。裁判所は、その損害賠償の金額の判断をする際に、まずこれが人種差別なのかどうかという観点と、さらに、人種差別をなくすためにはどういう賠償を科さなければならないのかという観点を入れ、その上で、「無形損害」というかたちのない損害についての評価をしなければなりませんでした。京都の判決は、裁判所には人種差別を撤廃する義務があるのだよ、とした上で、高い金額の損害賠償を認めた。そういうしくみになっています。

ただ一方で、裁判所は法律をつくるという立法機能はもっていないので、いまある法律のしくみを使って最大限やることはできるのですが、法律がない部分については手が出せない。

例えば、アメリカには懲罰的に一億円くらいの高額の賠償を科せる制度がありますが、そういう制度を勝手に入れこむことまでは、いまの日本の裁判所にはできません。あるいは、不法行為にならないものについてまで、新しい類型をつくって勝手に損害賠償を命じることもできません。

あくまで限定のあるなかで最善を尽くさなければならないと裁判所は判決でいった、ということになると思います。

司会：地裁と高裁の二つの判決と、人種差別撤廃条約の解釈・適用というところは、非常に興味深い点と思います。

木村さん、憲法学者のあいだで、この判決についてそういう観点から議論はされているのでしょうか。条約の適用の問題について、何か新しいとらえ方はあるのでしょうか。

木村：京都の判決が条約を一つの根拠にしているというのはわかります。しかし、あくまで業務妨害や名誉棄損という日本の法体系がもともと保護している価値が害されているので賠償が認められた、という話になっています。

日本では、条約から直接に個人の権利が発生するわけではない、と基本的には考えられています。まさに、民法などを解釈するときに、どういうものが名誉として保護されるべきかの参考として、条約は読まれることが多いかと思います。

3　人種差別撤廃条約成立までの歴史的背景

司会：引き続き人種差別撤廃条約のことを議論していきたいと思います。

やはり、日本で増えているヘイトスピーチの問題は、人種差別の問題として考えていきたい。その場合、人種差別撤廃条約（一九六五年国連で採択、六九年発効）とは、国際社会によるとりくみの一つの結実であるという事実は、非常に重要だと思います。

人種差別撤廃条約がつくられる前提には、ヨーロッパにおける人種差別・レイシズムへの反省や経験があると思います。

人種差別撤廃条約の成立までの歴史的背景を、板垣さんから補足していただければと思います。

板垣：人種差別撤廃条約の前に、一九四八年にジェノサイド条約ができますが、反人種差別という流れができていく過程では、ナチス・ドイツが引き起こした、いわゆる「ホロコースト」の衝撃が非常に大きくあります。

また、一般的にはそれほど語られていませんが、この過程にはアジア・アフリカ諸国の、ヨーロッパ諸国による植民地支配からの独立の動きも持ちこまれています。あるいは植民地で起きた残虐事件、虐殺事件が、「ジェノサイド」という概念を定義する際に、ナチス・ドイツがやったことと同時に参照されてもいました。

ただし、この植民地支配がもたらした人種差別について本格的に議論されるようになったのは、二〇〇一年のいわゆる「ダーバン会議」からです。ここではっきりと人種差別の源泉に奴隷制や植民地支配の問題があることが謳われるようになって、ようやく大きなコンセンサスになってきました。

そういう点では、もともと「人種差別」というときに念頭にあったのは、ユダヤ人差別であり、黒人差別であったのが、さらにそこに歴史的な植民地化の流れも入ってきていると私は理解しています。

司会：日本は、紆余曲折を経てようやく一九九五年一二月、人種差別撤廃条約に加入しました。

一部留保はありますが、留保していない部分でも、すでに日本政府は人種差別を撤廃する義務を負っているわけです。

例えば、2条1項の（d）では、「各締約国は、（略）いかなる個人、集団又は団体による人種差別も禁止し、終了させる」という義務を負っています。

あるいは、4条の「差別のあらゆる煽動又は行為を根絶することを目的とする迅速かつ積極的な措置をとることを約束する」と、この部分はすでに留保なしに効力が生じているはずです。

ところが、その条約下においていまだにこういうことが起きている。

人種差別撤廃条約下の現状について、私たちはどう考えるべきなのでしょうか。

4　日本はすでに人種差別撤廃条約上の義務を負っている

金哲敏：人種差別撤廃条約を国内法的にどう位置づけるのかというのは、難しい問題だと思います。また、国際法学者の議論と、国内で憲法など人権の問題を扱っている学者との議論が、どのように接合するのか、学問的にもわかりにくい分野だと思います。

ただ、まちがいなくいえることは、日本は人種差別撤廃条約に加入して国会で批准をしている。日本の法体系では、国会で批准をした条約というのは国内法的にも効力があると考えるのが一般的な考え方だと思います。ですから、人種差別撤廃条約がいま日本国内における法秩序の一つになっている、そこはまちがいないはずです。

つまり、一九九六年以降、人種差別撤廃条約に基づいて、日本でも人種差別はやってはいけない、違法である、ということは確立しているといえるわけです。それを具体的にどうやって実効力をもたせていくのかというところが、いままさに手当てがされていないところなのだと理解しています。

司会：ただ、そこは私もわからないところがあって、法律・憲法を勉強した方は、優先順位としては、まず憲法があって、次に条約、そして法律であるという理解だと思います。少なくとも、条約は法律には優先すると勉強してきたはずです。

そうすると、この人種差別撤廃条約に加入した以上、憲法に反することはできないけれども、条約に適合するように法律を解釈しなければいけないのではないかと思うのですが。

木村さん、そういった理解はまちがいでしょうか。この条約のもとでヘイトスピーチに対応するにあたって法解釈を変えなければならない、そういうことになるのではないでしょうか。

木村：条約とは国を拘束するものですから、人種差別撤廃条約を締結した以上、国は、裁判所のみならず、国会や行政を含めて、その条約を実現するための法律上、行政上の措置をとる義務が発生していると思います。ただ、その条約上の義務に違反して国会が立法をしなかった場合に、裁判所は直接にその条約を根拠として刑罰を科したり、損害賠償を科したりすることができるかというと、それはできないということになります。

条約上の義務を負っているということと、それが裁判で執行されるということはわけて考える必要があると思います。

現状、この人種差別撤廃条約との関係で何がいちばん問題かというと、名誉棄損が罰せられないとか、損害賠償がとれないなどという、専門用語でいうところの「実体法」の内容とは別に、行政機関がちゃんと動かないときに動かすしくみがない、ということだと思うんですね。

先ほど私は、「規制すべきものが規制されていない」といいましたが、それは法律に「規制してはいけない」と書いてあるわけではない。むしろ、どうみても、名誉棄損罪や脅迫罪が成立しているはずの事案に、警察権力が発動されていない、そういう現実があるだろうということです。

とすれば、適切に警察権力を発動させるために、警察に対する市民監視のしくみをつくるとか、あるいは警察内に専門の部署をつくり、マイノリティに対して感受性の高い担当者をおくとか、そうしたアプローチも必要ではないか。

それから、先ほど加害者の継続的監視といいましたが、過去に京都の朝鮮学校へのいやがらせをした人たちに対して刑罰や損害賠償を科すだけでなく、専門の警察の部局をつくるなどして継続的に見張り、「彼らはこういう行動をしています」、「とりあえずは安心ですよ」とか、「ちょっと気をつけてください」というようなコミュニケーションを朝鮮学校の方たちと定期的にとるようにする。そういうことをしてくれていたら、どれほど朝鮮学校の方たちが楽になっただろうかと思います。

本来、見まわりなどは治安の維持ですから、警察の仕事です。それなのに朝鮮学校の保護者の方たちが校門の前に立つなんてことをせざるをえない状況であること自体が、警察が本来担わなければいけない職務を放棄しているということになるわけです。

それは、人種差別撤廃条約に基づいて国に課せられた義務を立法・行政が果たしていない、ということにあたるのではと思います。

ヘイトスピーチ規制というと、どうしても差別団体のデモに対する刑罰法規の新設など、実体法の話に注目が集まることが多いです。しかし、いまある刑罰法規や損害賠償法規を含めて、差別の撤廃に向けて立法や行政をしっかりと動かすにはどうしたらいいのか、そのしくみにも注目してほしいです。

その観点からすると、条約上の義務が履行できていない点は多々ある、と私は思います。

5 警察が動かないという問題

司会：いまある実体法を適用させる、というお話でしたが、もう少し具体的に考えていきたいと思います。

お配りした資料のなかに「ヘイトスピーチ事例の分類表」（⇩一三三頁）とその「論点整理表」（⇩一三九頁、一四七頁）があります。この分類が理論的に正しいということではなくて、本日の議論の整理上、六とおりにわけています。

タテ軸は「対象による分類」です。「朝鮮人死ね」「韓国人帰れ」というようなヘイトスピーチの場合の対象パターンを個人・集住地区・公共の三つにわけてみました。

いちばん上は、抽象的な「〇〇人」というものに向けた発言ではあるけれども、結局は目の前のある特定の人に向けていっている、とするものです。いちばん下は、範囲がいちばん広くて、デモで不特定多数に向かって発言する場合。真ん中はその中間で、マイノリティ集住地区においてのデ

ヘイトスピーチ事例の分類表

対象による分類	内容・態様による分類 生命・身体等への害悪の告知、犯罪扇動	内容・態様による分類 集団に対する誹謗・名誉毀損、差別扇動
特定の個人・団体に向けた言動	① ●路上で指をさして「チョンコ！チョンコ！チョンコ！」「これがチョンコですよ！」「どつきまわしてやってください！」と叫ぶ（映像） ●朝鮮大学校の門前において、拡声器で「そこで聞いてる朝鮮人出て来いよ！叩き殺してみせるから出てこいよ！日本人をなめんじゃねーぞゴキブリども！全部出て来て殺されろよ！」（映像） ●ツイッターにおいて、名指しで「良い朝鮮人も悪い朝鮮人も殺そう。（ツイッターＩＤ）も殺そう」（HRN報告⑯）	④ ●京都朝鮮第一初級学校前において、拡声器で「スパイの子ども」「朝鮮学校を日本から叩き出せ」「キムチ臭い」「日本に住まわせてやってんねん」「端のほう歩いとったらええんや」（映像） ●水平社博物館前において、同博物館の催した朝鮮人強制連行に関する展示への「抗議」等として、拡声器で「エタ博物館ですか、非人博物館ですか」「出てこいエタども！」（映像） ●ネット上で「帰れ」「死ね」「チョンコ」と書き込む（HRN報告①） ●在日団体のフェイスブックに「在日特権を何とかしろ」「日本が気に食わないなら帰れ」と書き込む（HRN報告⑭）
マイノリティ集住地区での言動	② ●大阪の鶴橋でのデモで「殺せ！殺せ！朝鮮人！ くたばれ！くたばれ！朝鮮人！」（映像） ●東京の新大久保でのデモで「韓国≠悪　韓国＝敵　よって殺せ」「竹島を日本領と言えない奴は殺せ」「仇ナス敵ハ皆殺シ　朝鮮人ハ皆殺シ」「良い韓国人も悪い韓国人もどちらも殺せ」というプラカード（映像） ●大阪の鶴橋において、拡声器で「鶴橋大虐殺を実行しますよ！」「そうだ！」「大虐殺を実行しますよ！」「そうだ！」「実行される前に自国に戻ってください！」「ここは日本です！朝鮮半島ではありません！いいかげん帰れ！」「帰れ！」（映像、HRN報告⑯）	⑤ ●東京の新大久保でのデモで「韓国人の日本侵略許さないぞ！我々は新大久保を更地にするぞ！新大久保を更地にしてガス室を作ろう！」「早く死んでくださいゴキブリ朝鮮人の皆様、生きてる価値なんてないですよ」（映像） ●東京の新大久保でのデモで「朝鮮人　首吊レ毒飲メ飛ビ降リロ」というプラカード（映像） ●東京の新大久保でのデモで「朝鮮人、死ね、ゴキブリ」というプラカード（HRN報告⑯）
公開・公共の場での言動	③ ●札幌のデモで「おちょんこ見たらぶち殺せ！韓国人どもを皆殺しにせよ！」（映像） ●東京のデモで「チャンコロどもをぶっ殺せ！」（映像） ●広島の街宣で「死ね」「殺せ」（HRN報告④） ●「鶴橋大虐殺」のYouTubeへのUP（HRN報告⑥）	⑥ ●福岡の天神において、拡声器で「天神をキムチの匂いでまみれさせてはいけない！反日朝鮮人を日本から叩き出せ！叩き出せ！」（映像） ●名古屋の大通りでのデモで「不逞鮮人をソウルの下水道に叩き込め！着払いで送り返せ！ピョンヤンの肥溜めに叩き込め！」（映像）

注：（映像）とは…当該言動が、当日シンポジウム会場で放映した映像で確認できることを示す。
（HRN報告○）とは…当該言動が、ヒューマンライツ・ナウによる「在日コリアンに対するヘイト・スピーチ被害実態調査報告書」（http://hrn.or.jp/activity/2105/）に記載されており、○の番号は、同報告書８頁～15頁の４（１）「ヘイト・スピーチの体験および被害感情」における①～⑯の各被聴取者体験であることを示す。

モ・街宣の場合。特定の個人に向けての発言ではなく、マイノリティが占める率が高い鶴橋や新大久保などの街なかでの場合です。

ヨコ軸は、「内容・態様による分類」で、二つにわけました。左側が特に悪質と考えられるものです。「朝鮮人死ね」とか「首吊れ」とか「火をつけろ」とか、つまり「生命・身体等への害悪の告知、犯罪煽動」にあたるものです。右側は、そこまではいたらなくとも、少なくともヨーロッパでは規制の対象になっているであろうジャンルの表現で、「集団に対する誹謗・名誉棄損、差別煽動」です。対象と内容・態様で六つのパターンにわけてみました。

ここで、木村さんにもう一度お聞きします。どうしても刑事なりの規制の話になってしまいますが、現行法のもとで、この表の①と④（特定の個人、団体に向けた言動）は刑事規制が可能という理解でよろしいでしょうか。

木村：特定の個人に向けて殺害予告をしたら脅迫、「出てこい」とかいったら強要、それから特定個人に対して「お前は朝鮮人だから○○だ」といったことをいえば、それは当然名誉棄損ないし侮辱ということになります。これは刑法の教科書をみればそう書いてあるわけです。

おそらく個人に対するヘイトスピーチは「侮辱」にあたることが多いと思いますが、なぜ侮辱罪で逮捕・起訴される人があまりいないのかと、刑事政策の先生に聞いてみたところ、侮辱罪は法定刑が非常に軽くて、一カ月以下の身体拘束か一万円以下の罰金、起訴しても執行猶予がつく程度であるからではないかとおっしゃっていました。そうすると、公然と人を侮辱しても罰せられないのと同じということになってしまっています。

刑事規制の対象になってはいるけれども、法定刑が非常に軽い結果、個人や団体を特定するかたちで人種的な出自に対する侮辱をしてもなかなか警察が動いてくれない、という現状につながっているのだろうと思います。

①④は個人が特定されていますし、②と⑤（マイノリティ集住地区での言動）のあたりもかなり特定性が高いので、私は特定性あり、として、現行法の枠組みでの刑事規制の対象に入れていい、と考えております。

司会：犯罪の制裁として非常に軽いのではないかという問題と、それをおいても規制は可能だろうというご意見をいただきました。私たちもおそらく可能だろうと考えますが、ただ「可能」といって終わらせていいのか、ということです。

板垣さんにお聞きしますが、京都朝鮮学校の事例は、①と④であったと思いますが、これは規制が可能であったといっていいのでしょうか。つまり、実際に裁判であの判決を勝ちとるにあたっては、非常に困難をともなっただろうと想像するのですが。

板垣：京都の事件では、刑事と民事のどちらでも裁判となりました。

刑事では、威力業務妨害や侮辱、器物損壊、建造物侵入などで裁かれました。しかし、名誉棄損罪ではなく侮辱罪が適用された過程では、かなり微妙な政治判断があったと聞いています。

先ほど警察がちゃんと動かなかったというお話がありましたが、京都の事件では警察の動きにへんなところがたくさんありました。まず、警察はまったく在特会側の言動を制止できていなかった。学校側の現場にいた人のなかには、警察のコスプレをした在特会メンバーがいると思った人もいるくらいです。

また、在特会側が朝鮮学校側に対して、公園の不法使用だと刑事告訴してきて、朝鮮学校側も同時に調べられるという不思議なことが起きてしまった。被害者なのに取り調べを受けるということが進んでいたという、その困難さはありました。最終的に在特会側が有罪になったわけですが、学校側も都市公園法違反で略式起訴、前校長に対し罰金一〇万円の略式命令が出されています。

民事では、私は法律論には詳しくないのですが、原告の弁護団は、名誉棄損とか業務妨害で勝訴になることはまちがいないと。その前提で、では何を判決に書きこませるか、と課題設定をしていました。

そこで人種差別撤廃条約との関係や民族教育権という問題――こちらのほうが比重としては大きかったと思いますが――をしっかり判決に書きこませるという、この二つが大きな獲得目標でした。

司会：判決の内容もそうなんですが、実際に裁判を三年四年とやられて、とても大変だったと思うのですが。

板垣：大変だったと思いますね。私は応援団みたいな場所にいたので、意見書を書いたり、証言台に立ったりしたくらいですが、やはり当事者たちの負担は大きかったと思います。

例えば、だれを原告にするか、子どもたちを矢表に立たせるわけにはいかない、といったところからはじまり、だれが証言台にどうやって立つのか、といったこと。それから裁判のあとの報告集会で、オモニ（母親）たちが壇上に立ってアピールしたいというときに、それをだれかが写真にとってネットにアップされたりすると、またいろいろなことが起きうるので、撮影などについても注意をするというようなことですね。

常にこの事件への関心を広げて傍聴者を多くするようにやってきた裁判ではありますが、同時にそれによって次の被害を生み出してはいけないといったところで、大変さがあったと思います。

司会：私も記憶がありますが、ヘイトスピーチに反対する国会の院内集会で、京都朝鮮学校の保護者の方が発言する予定になっていたのですが、直前にとりやめになってメッセージだけ代読されたということがありました。本当は出席してしゃべりたかったと、ただ周囲の人に止められたと、もしそこに行って朝鮮学校の保護者が発言するということで、改めてまた学校にどんな被害が起こるかわからないということで、申しわけないけれどもとりやめにした、という内容でした。

これはまさに「沈黙効果」といいますか、反論を封じられるということだろうと感じました。

金竜介：ヘイトスピーチというと、多くの人は京都朝鮮学校の事件を思い浮かべるかもしれません。しかし、京都の事件はヘイトスピーチである以前に、刑法の威力業務妨害罪や脅迫罪にあたる犯罪が、多くの警察官がいる場所で、現行犯で行なわれていたんです。だから、京都の事件の場合は、本来なら新たな立法が必要というような問題ではないはずなんです。

まさに木村さんがおっしゃるように、明らかに犯罪が行なわれていたにもかかわらず、なぜすぐに行政や警察は動かなかったのか、という問題のほうが大きい。同じことが、例えば区立小学校の前で、数人の男が「この小学校の子どもたちはスパイの子どもだ、とっとと出て行け！」とどなっていたら、最寄りの警察からパトカーが来てその男たちは連れて行かれますよ。でも映像でみたように、京都朝鮮学校では警察官は何もしなかった。

ですから、京都朝鮮学校の事件は非常に重要な問題ではありますが、ヘイトスピーチ問題を論じる上では、あれは〝典型的なヘイトスピーチ事例〟ではない、と私は考えます。つまり、現行法では処罰できない事例ではないということです。そこをまず確認したいと思います。

現行法で処罰できない事例を議論しようというとき、つまりヘイトスピーチを対象にして、新たな法律をつくろうと議論するときには、京都の事件は適切な題材ではないのではないかと私は考えています。

6　マイノリティ集住地区で「朝鮮人大虐殺を起こしますよ」は、起訴可能か？

金竜介：木村さんにおうかがいします。ご著書『未完の憲法』（奥平康弘氏との共著、潮出版）では、集住地区でのデモや街宣の場合には、やはり特定性が高くなるのではないか、つまり現行法に近づくと書かれていますね。

先ほどの映像で「鶴橋大虐殺を実行しますよ」と叫んでいる人間がいた。鶴橋に住んでいる住人をみな殺しにしますよ、という発言です。あれについてはどうでしょうか。現行法で何らかの犯罪で起訴できるような行為と考えられないでしょうか。

木村：現行刑法の解釈ということですと、私の専門からは離れますので、法学者の一般的な感覚として発言します。先ほどの個別の聞きとりの調査（⇩本書五一頁～金星姫・報告1参照）に、「目の前にいてとても怖かった」という被害報告がありました。もし現行法のままで対処しようとするなら

論点整理表
《現状の評価》

		内容・態様による分類	
		生命・身体等への害悪の告知、犯罪扇動 (例：○○人を殺せ、○○人の家に火をつけろ)	集団に対する誹謗・名誉毀損、差別扇動 (例：○○人は日本から出て行け、○○人はゴキブリだ)
対象による分類	特定の個人・団体に向けた言動	① 【刑事面】 ●現行法上、刑事処罰可能。脅迫など。 ●捜査機関が適切に捜査権限を行使するか、不安がある。 【民事面】 ●民事訴訟により、加害者に対する損害賠償請求訴訟を提起可能。その場合、人種差別であることを理由に損害額が加重（京都事件※地裁・高裁判決） ●一定の限度で差し止め請求が認容される（京都事件仮処分決定、判決） ●民事訴訟の提起・遂行には、多大な精神的、経済的負担がある。 ※「京都事件」とは、2009年12月、在特会等の活動家らが京都朝鮮第一初級学校を襲撃した事件を指す	④ 【刑事面】 ●現行法上、刑事処罰可能。侮辱、名誉毀損。差別扇動にあたるような言動は脅迫にあたる可能性。 ●捜査機関が適切に捜査権限を行使するか、不安がある。 【民事面】 ●民事訴訟により、加害者に対する損害賠償請求訴訟を提起可能。その場合、人種差別であることを理由に損害額が加重（京都事件地裁・高裁判決） ●一定の限度で差し止め請求が認容される（京都事件仮処分決定、判決） ●民事訴訟の提起・遂行には、多大な精神的、経済的負担がある。
	マイノリティ集住地区での言動 (例：鶴橋、新大久保)	② 特定のマイノリティに被害が生じると観念できれば、上記と同様の措置？	⑤ 特定のマイノリティに被害が生じると観念できれば、上記と同様の措置？
	公開・公共の場での言動 (例：銀座の公道での許可を得たデモ)	③ 【刑事面】 ●現行法上、刑事処罰困難と言わざるをえないだろう。 【民事面】 ●特定の個人・団体が原告となって損害賠償請求を行うことは困難。（ex.京都事件判決）	⑥ 【刑事面】 ●現行法上、刑事処罰困難。 【民事面】 ●特定の個人・団体が原告となって損害賠償請求を行うことは困難。（ex.京都事件判決）

ば、被害対象を目の前にいる人という意味で特定をすれば、可能ではないかと思います。
「未必の故意」というようなことになるのかもしれません。人通りのまばらな道路で、銃を試し撃ちして、人にあたるかもしれないけどまあいいや、と思っていたというのが、未必の故意があるということです。ご指摘の事案も、実際に、在日韓国・朝鮮人の人が聞いて、脅迫と受けとるかどうかもしれないけど、脅迫になってもかまわない。そのような認識をした上での行為にみえます。ですから、それは、目の前をたまたま通りがかった在日の人への脅迫になるし、その故意もあるといえるのではないでしょうか。
目の前にいる人が生活の平穏や生命に対する危機を感じたという意味での脅迫ということですね。完全に抽象的に差別的な言動を公の場でやった場合については、目の前にいる人という意味ですら特定ができないとなると、現行法で捕捉するのはやはり難しいという気がします。

司会：目の前にいる人が、自分は差別発言を聞いたとした時点で特定されるということですか。

木村：そういう論理はありうるのではないかと思います。
私はわりと、「法解釈としてどうですか」と聞かれた場合に、「アクロバティックにいくと、ここまでいけます」ぐらいのことはいいますので、もう少し慎重な人だったら「やっぱり無理でしょう」とおっしゃるかもしれません。

司会：先ほど②⑤がいけるのではないかというのは、そういう趣旨でおっしゃったという理解でよろしいでしょうか。

木村：②⑤についてはアクロバティックではないと思います。③⑥（公開・公共の場での言動）を捕捉するためには、多少アクロバティックな解釈が必要になるかもしれませんが。
ただ目の前にいる人という意味では、そこまでアクロバティックではないかなと思います。
司会：少し整理させていただきます。アクロバテッィクかどうかはおくとして、目の前の人が差別発言を聞いたのであれば特定性がある、というのは、③でも⑥でも、例えば銀座なり大阪の梅田でヘイトデモがねり歩いていた際に、そこにいあわせた在日コリアンが、それを聞いて被害を感じたという場合、これは特定性があるといえるのでしょうか。
木村：彼らがやっていることというのは、厳密にはちょっとわかりませんが、在日コリアンにしかあたらない鉄砲弾を乱射しているような感じの行為だと思うんですね。
鉄砲だとだれにでもあたりますが、ああいう言動なので在日コリアンにしかあたらないような鉄砲玉を撃ちまくっていると考えることができると思います。そこにたまたま在日コリアンの人が通りかかって被害が発生した、という事案に似ているように思うんですね。
在日コリアンにしかあたらない弾だから乱射しても殺人罪にはなりませんよ、ということには私はならないと思います。やはり相手を特定して殺していることになると思いますので、それが殺人ということになるのであれば、名誉毀損とか脅迫ということについても、同じようなかたちで特定できるという論理は成立するのではないかということです。
司会：そうすると、②⑤が大丈夫ではないかという理屈をもう少し説明していただけますか。
木村：②⑤は、要するにマイノリティ集住地区に住んでいるそれぞれの人に対する侮辱、名誉毀損、害悪の告知、脅迫等であると思うので、これについては①④と同じくらい特定ができているのではないかと思います。

固有名詞で「木村は死ね」といっているのと、「この場所に住んでいる人はみんな死ね」といっているのは、同じぐらい特定性があるだろうという論理は立つだろうということです。

司会：ありがとうございます。いまの特定、不特定の議論を聞いて、哲敏さん、コメントをお願いします。

金哲敏：私も同じように考えます。刑事で犯罪が成立するためには、客観的な事実（行為）がどうだったかということと、やっている人間の認識、いわゆる故意があるかという二つが必要です。

朝鮮人に対する侮辱とか脅迫について論ずる場合、例えば「朝鮮人をみな殺しにする」というような害悪を朝鮮人に届けたときに、初めて脅迫という害悪の告知行為になるわけです。それをいくら日本人に届けても、脅迫という意味での客観的な犯罪の行為はないということになる。そういう意味で、特定できるかどうかという議論が刑法的にはあるのだろうと思います。

もう一つは認識ですね。例えば、私が金竜介さんを刺し殺そうと思って、誤って板垣さんを刺してしまったとします。「私は金竜介さんを殺すつもりだったので、板垣さんを殺すつもりはなかったから殺人罪じゃない」といって、それが認められるかというと、認められないわけです。およそ人を殺すつもりで刺して殺してしまったら、それは殺人罪の故意があると考えるのが法律の考え方です。

けれども、同じように「いま目の前にいる人が日本人だと思ってそういうことをしゃべっていました」というときに、「朝鮮人に対して害悪を告知する認識はなかったんです」という話になることはありえる、ということですよね。

おそらく集住地区での街宣は、まさに朝鮮人をねらって届けているという客観的な蓋然性はほぼあるだろうと思います。さらに、当然、わざわざそこへ出向いていってやっているのだから、朝鮮人に向かって言葉を投げつけようという認識もあるはずです。

ですから、刑法の理屈からすれば、それは客観的な事実としても、故意としても認定できるのではないかと思います。

ただ、現実問題として、裁判でそれを処罰できるかたちにまで証拠を固めてもっていけるかというと、なかなかハードルは高いだろうとは思います。

金竜介：「殺せ、殺せ、朝鮮人！」というようなデモをやったときには犯罪になりうる場所、区域があるということですか。そもそも朝鮮人が大勢住んでいる場所でやったときには、それは特性が高まって犯罪になりうる、ということを集住地区の問題としていわれているのでしょうか。

金哲敏：もう少し簡単な例を出せば、いまこの場に日本人しかいなかったとします。ののしられる、害悪を告知される対象がまったくいないところで「朝鮮人を殺せ」と叫んでいたとしても、届く相手がいないわけですね。相手がいないから脅迫が成立しないのではないかという問題があると思います。だから、どこの場所でという議論は、そういう意味では、意味のある議論だと思います。脅迫という犯罪で考える場合においてですが。

もちろんちがう犯罪類型で考えるときは、また別の議論になるので、すべからく犯罪が成立しない、という意味でいっているわけではありません。そこは誤解のないようにしていただきたいと思います。

司会：集住地区という問題で、日本において在日コリアンの集住地区とはどのような実態があるのかということについて、哲敏さんはどうお考えでしょうか。

金哲敏：難しい問題ですが、一般に朝鮮人や韓国人がよくいる場所という意味ぐらいでの集住地区という使い方でしたら、それは新大久保や赤坂、大阪の鶴橋にはそれなりにいると一般的に認識もされているし、おそらく客観的にもいるのでしょうから、そういう蓋然性の高い地域はあるのでしょう。

ただ現実問題として、朝鮮人ばかり住んでいますという地域があるかというと、そんなところはないでしょうから、集住地区の定義のし方によるのではと思います。

司会：細かい話ですが、木村さんが想定している集住地区というのはどういうものでしょうか。例えば、新大久保や赤坂はそこにコリアンが大勢住んでいるわけではなく、たくさん来訪しているという意味で、コリアンが多い。鶴橋にはコリアンが多く住んでいる。集住地区とは、生活実態をみるのか、現に存在している数をいうのか、そのあたりを簡単にコメントいただけますか。

木村：集住地区という定義はなかなか難しいと思います。だから実際には、①④と③⑥で、そのあいだで特定性の高い部分がかなりあるということになると思います。②⑤は、かぎりなく①④に近いところと定義をして議論を進めたほうがわかりやすいかと思います。

また、脅迫とか名誉棄損などの話が出ていますが、それとは別に、業務妨害罪も考えなければいけないのではないかと思います。

韓国人の経営するお店の前で「たたき出すぞ」とかといっている人を、これからそのお店に入ろうとしているお客だとは、一般的には考えないと思います。そういうところを業務妨害で捕捉していくということもありうるかなと思います。

こういうコアな部分をまずちゃんと規制できるようにしていかないと、仮に、より周辺的な③⑥の部分についてのヘイトスピーチ規制をしようとしたとしても、①④のようなものが規制できないようであれば、③⑥を犯罪にしますという法律をつくったとしても実効性はないでしょう。そういうことも同時に考えて、より実効性を高めるための努力をしていく必要があると思います。

7 人種差別やヘイトスピーチに対する新たな立法は必要か

司会：ありがとうございます。次に、③⑥はアクロバティックな解釈で可能かどうかは少しおいておきまして、基本的に難しいと考えると、現行法では不可罰だとされる可能性が高いだろうと認識しています。では、③⑥をおいたままでいいのか、新しい法整備が必要とされているのではないか、と思うのですが、新しい立法が必要だと思われますか。竜介さんにお聞きします。

金竜介：「朝鮮人をぶっ殺せ」というような文言に対して刑罰を科すのは難しいということは私もわかります。しかし、これを取り締まれないのはなぜなのか。なぜ、これに対応する法律をつくることに弁護士たちは反対するのか。私の感覚では、特に人権派と呼ばれているような弁護士さんのほうが強く反対するという傾向があるように思います。

例えば、「朝鮮人をぶっ殺せ」という言葉に腹を立てた学生が、その街宣をしている人間たちに向かって「お前らこそ殺すぞ」といったら、この学生は脅迫罪で捕まります。しかし「朝鮮人をぶっ殺せ」「朝鮮人をみな殺しにしろ」といっている人間は無罪です。それはおかしいのではないか、というのが私の疑問です。

弁護士の多くは、境目をどこにおくかが難しいんだといいます。あるいは、条文のつくり方が難しいんだというのです。私はその難しさはあるでしょうが、「朝鮮人をぶっ殺せ」が本当に許されることなのかという感覚を大事にしたいと思っていますし、それが正しいと思っています。

③の、不特定の対象に向けた「殺せ」について考えてみます。なかなか在日の側のダメージを想像するのは難しいかもしれませんので、別の例を挙げてみます。ここに該当する方がいらっしゃったら申し訳ありませんが、例えば、「障がいをもった子どもと母親は死ね」みたいな言葉を暴力的に叫ぶ人間がいたとします。これはそれに該当する子どもや女性に対する明白な差別であり、相手を深く傷つける言葉であるにもかかわらず、現行法では違法とはなりません。私は、刑罰を科すかどうかは別として、これを「表現の自由だからいいんだ」という人間はまちがっていると考えます。こうした明白な差別発言に対する法規制は必要だと思います。

それから、⑥の侮辱についてです。例えば、「ゲイは気もち悪い」「男同士、女同士で裸で抱き合うなんて気もち悪いです」という発言があったとします。③の「殺せ」というのとはちがって、⑥は、刑罰で罰するべきかはちょっと躊躇します。ただし、それについても、だれがいつどこでそれをいっても何の法律にも違反しないのか、あるいはそれを違法とする法律ができないのかといわれれ

論点整理表
《新たな立法について》

		内容・態様による分類	
		生命・身体等への害悪の告知、犯罪せん動 （例：〇〇人を殺せ、〇〇人の家に火をつけろ）	集団に対する誹謗・名誉毀損、差別せん動 （例：〇〇人は日本から出て行け、〇〇人はゴキブリだ）
対象による分類	特定の個人・団体に向けた言動	① 【刑事】 ●ヘイトクライムの加重処罰立法。 重罰化による抑止効果と、捜査機関に適切な権限行使を促す効果があると考えられる。 【行政】 ●行政機関の設置（例：ヘイトスピーチ審査会）。 中止命令、公表措置等。公共施設の利用制限。デモの不許可？ 【民事】 ●団体訴訟の導入。 適格当事者団体（仮称）が、被害者本人にかわって、損害賠償請求、差止め請求。 ●民事訴訟提起の費用支援（ex.大阪市条例）	④ 【刑事】 ●ヘイトクライムの加重処罰立法。 重罰化による抑止効果と、捜査機関に適切な権限行使を促す効果があると考えられる。 【行政】 ●行政機関の設置（例：ヘイトスピーチ審査会）。 中止命令、公表措置等。公共施設の利用制限。デモの不許可？ 【民事】 ●団体訴訟の導入。 適格当事者団体（仮称）が、被害者本人にかわって、損害賠償請求、差止め請求。 ●民事訴訟提起の費用支援（ex.大阪市条例）
	マイノリティ集住地区での言動（例：鶴橋、新大久保）	② 特定のマイノリティに被害が生じると観念できれば、上記と同様の措置？	⑤ 特定のマイノリティに被害が生じると観念できれば、上記と同様の措置？
	公開・公共の場での言動（例：銀座の公道での許可を得たデモ）	③ 【刑事】 ●刑事規制の必要性は極めて高いと考えられる。 ●表現の自由の保障の範囲外？　Cf.「喧嘩言葉」 ●判例上、各種のせん動罪処罰は合憲と解されている（ただし学説からは批判が大きい）。 ●日本においては違憲とする説が多数？ 【行政】 ●行政機関の設置（例：ヘイトスピーチ審査会） 中止命令、公表措置等。公共施設の利用制限。デモの不許可？ 【民事】 ●団体訴訟の導入により、差し止め請求権を認めることは可能ではないか。 ●損害賠償請求権まで付与することは可能か？	⑥ 【刑事】 ●ヨーロッパにおいては刑事規制の対象。 集団名誉毀損、集団誹謗あるいは差別扇動表現。 ●日本においては違憲とする説が多数？ ●行政機関による差し止め命令を先行させ、それに従わない場合に刑事罰を科す方策は考えられないか。 【行政】 ●行政機関の設置（例：ヘイトスピーチ審査会） 中止命令、公表措置等。公共施設の利用制限。デモの不許可？ 【民事】 ●団体訴訟の導入により、差し止め請求権を認めることは可能ではないか。 ●損害賠償請求権まで付与することは可能か？

ば、何らかの法律はつくれるのではないか、と考えています。

司会：そうすると①④で、現行法でできることをやるというのは必要だけれども、③⑥に対応する法律ができていないとすれば、それができる法律が必要だというご意見ということでしょうか。

次に、哲敏さんに、新しい立法についてのご意見と、仮に新しい立法を想定する場合にどういったメニューというか、法律を考えられるか、少し総体的にお話しいただければと思います。

金哲敏：新しく立法を考えるときというのは、二つのケースが考えられます。

一つは、現行法上はいちおう何か対処できるはずだができない、何らかの現実的な理由でできないから、それを手当てするための法律をつくらなければならないというとき。もう一つは、そもそもまったく対処法が法律上存在しないから新しい制度をつくらなければならない場合。この二つのケースだと思います。

前者の場合、先ほど申し上げたとおり、人種差別撤廃条約に入った以上は、条約が法体系の一部をなしているのはまちがいないと思います。ただ、人種差別撤廃条約を読んだ行政の人が、「ああ人種差別撤廃条約はこうなってるのか、だからこういうふうに行政はやらなくてはいけないな」とは考えない、という問題が現実的にはあるわけです。

なので、まずは「こういうことはやってはいけない」とか、「人種差別は違法である」ということを明確に宣言するような基本法のようなものをつくる。あるいは、人種差別に対応する行政上の専門の部署をどこにおくのか、といったことを規定する基本法を最初の立法とする。こうしたことが、人種差別撤廃のための基礎的なものとしてはあるだろうと思います。

次に、民事的な問題としては、現行法上、①④、②⑤については、いちおう理屈をこねれば何らかの対応ができるのかもしれないですが、現状はできていない。その最大の理由は、まさに個人が自分の情報をさらして対応しなければいけないからです。

例えば、私が原告になって差別団体を訴えますというときに、私は訴状に自分の住所を書かなければいけないわけです。住所と名前を書いて、私が訴えたということを公開しないと、民事裁判はできない。

個人情報をさらして、何をやってくるかわからない相手に対して裁判ができるかというと、一般的にできる人は少ない。そういう状況で、「制度があるんですから裁判を起こしてください」というのは乱暴な話ではないかと思います。

ですから、匿名で裁判ができるようにする法律をつくることだって、重要な意味があるでしょう。あるいは、人種差別問題を扱うような団体に、代わりに裁判をやってもらえるしくみにするとか。そういった法律を手当てして対応していくというやり方もあるのではないかと思います。

また、真に人種差別での迫害が予想される場合には、DV事件のように保護命令を出して、裁判所による比較的簡易な手続きでそれを阻止するようにできたらと思います。まさに、京都朝鮮学校襲撃事件では、差別団体に街宣をやらせない判決をとらなければならなかったのですが、これに時間がかかったわけです。だから、襲撃のもっと手前の段階で、街宣を止められるようなしくみをつくるというのも、民事的な対策としてはありうると思います。

それから行政機関を巻きこむという考えも必要だと思います。現状は法務省の人権擁護委員（法務大臣委嘱で各市区町村に配置される民間ボランティア）などに訴えにいくと、「大変ですね」といわれるだけで追い返されるような状況です。むしろ、行政がきちんとこの問題の専門家をそろえて対応するとか、代わりに差別団体と対峙するとか、まずはこれは差別だと認定をする、といった対応を行政がやってもいい。

ひと昔前に、日本国内に人権機関を設置すべきという議論が盛りあがりましたが、結局そのまま廃案になり時間が経っています。人権を擁護するための機関をきちんと設置して、そこに人種差別に対応させることを立法化するというのも一つの考えでしょう。

刑事規制についても考え方としては同じような話になります。現行法では、先ほどいったとおり名誉毀損や脅迫で対応できなくはないだろうけれど、それが立証のハードルなどで起訴までもっていくのは難しい。警察もきちんと対応ができないということがあるので、そこをどういうふうにやるのか。

木村さんが先ほどおっしゃっていたように、侮辱罪は刑が軽い。それをアメリカのように、人種差別的な動機が入った侮辱の場合は、量刑、法定刑を上げて、きちんと警察が動く事件にするという対応にする。そのようなヘイトクライム的な立法への対応もあるべきと思います。

それから③⑥の領域になると、新しい刑事処罰の類型をつくることが必要になると思います。従前議論されているものとしては、「みな殺しにしろ」だとか「火をつけろ」といった、いわゆる犯罪煽動の場合は、そもそもやってはいけない犯罪行為を煽っているわけですから、独立の違法行為として処罰をする考えも成り立つと思います。

また現行法では、個人を名誉棄損する、あるいは個人を脅迫する場合のみ処罰をしていますが、それを広げて、いわゆるマイノリティ集団に対する名誉毀損や脅迫、つまり、個人の被害者を特定しなくても処罰できるような規定を入れるという考え方もありうると思います。これは一部ヨーロッパではとり入れられています。

それから、デマについてです。あまり一般的な議論にはなっていませんが、金融商品取引法や、昔の証券取引法のようなデマ規制も成り立ちうるのではないかと考えています。というのは、株価に影響を与えるようなデマを流すと逮捕されるのですが、朝鮮人に対するデマ、例えば「在日特権」があるというようなデマを流しても、捕まることはありません。これはおかしいだろうと思うわけです。

株価というのは、適正な価格を導くための基礎資料となる情報が公平に保たれていてこそ、きちんとした評価になるという考え方のもとに、金融商品取引法ではデマに規制をかけているわけです。一方で、在日コリアンに関して意図的にデマが流されて、それによって不当に評価がゆがめられ、人権が脅かされているというのに、規制をかけられないというのはおかしいのではないか。こういう観点からの規制も考えられると思うのですが、これについてはあまりぴんとこない人が多いようです。

金竜介：金融なんとか法が出てくると、私にはぜんぜんわからない（笑）。在日コリアンに関するデマが本当にすごいということは断言できます。

今年（二〇一五年）の七月九日をもって在日コリアンは在留資格がなくなり、「不法滞在」となるから、入管へ通報すれば在日コリアンは強制送還される、といったデマが流されました。「通報対象者リスト」というものまでがネットで出まわり、実際に入管への「通報」があいつぐ、ということがありました。

現実にそれによって物理的な損害を受けたわけではありません。しかし、なぜそういったものは野放しになるのか。デマなんか信じるやつはいないからいいじゃないか、ネットのなかだけのことだ、という人がいます。でも、そうじゃないんです。金哲敏弁護士がいわれるように、デマに対する規制という観点も必要だと私は思います。

司会：少し整理します。人種差別やヘイトスピーチに対する新しい立法について考える場合、刑事規制のこと、つまり加害者を捕まえることばかりにどうしても頭がいってしまうのですが、金哲敏さんからは、いろいろなメニューがあるでしょう、とのお話がありました。

基本法にはじまり、民事上の新たな規制、行政上のとりくみ、そして刑事規制、あるいはデマの処罰、そういったことを視野に入れて議論を進めていきたいということでした。

8　日本国憲法と刑事規制――何を保護法益とするか

司会：刑事規制についてもう少し議論したいと思います。

③⑥をはじめ、どうしても、いま刑事上処罰できない部分は残ります。規制が必要じゃないかという意見も出ました。木村さんにお聞きします。③⑥の刑事処罰は、これは憲法違反になるので

しょうか。

木村：端的にお答えすると、何を保護法益として提示するかによると思います。これは、表現の自由の保護範囲――保護範囲といういい方も微妙ですけれども――の問題となるので、非常に重大な利益の侵害があるといえる場合には規制が正当化されるということになります。表現の自由を規制しなければならないほど重大な利益が侵害されている、という説明ができるかどうかというところが最大のポイントです。

ですから、憲法をクリアしていく上では、何がそこで天秤にかかっている利益なのかを定義していく必要があるのではないかと思います。

司会：一般的な憲法学者はそこはクリアできない、という意見になっているのでしょうか。

木村：一般的な憲法学者というと……（笑）、まあ、アメリカ派の人たちは「できない」というし、ヨーロッパ派の人たちは「できるんじゃないか」という傾向があるといわれていますが。

ヘイトスピーチについては、被害を受ける個人を特定できず、ある民族をおとしめる評価を示しただけの場合、保護される利益が抽象的すぎて、表現の自由の制約を正当化するだけの重要性は認められないのではないかと考えるのが一般的な見方でしょうか。民族に対する評価をおとしめているだけでなく、もう少し個人を特定した法益、だれが被害者なのかを特定できる法益でないと、重要性を認めるのは難しいのではないか、という人が多いと思います。

司会：「重大な利益を守るための必要な規制」という考え方なら、刑事処罰できる、と仮に考えるとして、現状は、重大な利益が侵害されている、とシンプルに考えてしまうのですが。

木村：むしろ、お三方に聞きたいわけです。何の利益の侵害として罰するのか。

司会：その前に、「社会的法益」と「個人的法益」について簡単にご説明します。

いま「利益」といういい方がありましたが、刑事立法する場合に、保護法益という問題があります。つまり、どういう利益を守るために刑事規制を設けるか、ということを議論しているわけです。大きくわけると、個人的法益、社会的法益、国家的法益、このそれぞれを守るために規制されているといわれています。

個人的法益とは、まさに個人の権利・利益で、例えば殺人、傷害、窃盗、これらは個人の生命、身体、財産を守るために必要だからそういう犯罪が設けられている。

社会的法益は、例えばわいせつに関する罪を挙げることができます。あれは、特定の女性というよりは、世間一般の性風俗や、性に関する価値観などの社会的な価値を守るときに必要なので、わいせつ罪が設けられているというわけです。

国家的法益とは、まさに国自体の利益で、内乱罪や偽証罪、公務執行妨害とか、国家の作用を阻害するから罪だと、こういったかたちで議論されています。

国家的法益についてはいまはおいておいて、本件でいうと、個人的法益、つまり特定の個人の利益・権利を守るためにこの規制を設けるのか、それともそれを超えた、個人に還元できない社会的な利益を守るのか、というところがおそらくポイントになると思います。

金竜介：ヨーロッパの法規制について詳しい人に聞くと、保護法益はやはり社会的法益だといいます。裸になって街を歩くというような公然わいせつ罪が、社会的法益の侵害として処罰されるのと同じということです。しかし、私はそこはあまり納得がいかないんですね。やはり、「朝鮮人ぶっ殺せ」というのを目の前でみた、聞いた私が、被害届を出せるのではないかと。つまり、私が殴られました、傷害罪ですよと、この人を罰してください、と同種ではないかと。

木村さんの質問に対しては、法律のつくり方としては、私がいる場所で私がみた以上は、個人の法益が侵害され被害を受ける、と私は考えます。ただ、社会的法益だと考える人のほうが、やはり多いですよね。

木村：その発言は、私はすごくよくわかります。やはり、目の前にいる人がまず傷ついている。それはもちろん、朝鮮人一般が被害を受けているという面もありますが、目の前でみてしまった人が最大の被害者だ、という考え方はやはり納得がいきます。これまで議論してきた名誉棄損とか、脅迫罪とも整合的に説明できる議論かなと私は思います。

司会：哲敏さんはいかがでしょうか。

金哲敏：名誉棄損とか脅迫という類型、攻撃がマイノリティに向いている類型については、いまの議論のとおりかなという気がしています。

もう一つは煽動類型ですね。「殺せ」「みな殺しにしろ」と犯罪を煽る類型をどう考えるか。判例では、「渋谷暴動事件」があります。一九七一年、沖縄返還協定の批准を止める集会をやっていた学生運動の人がこういうことをいいました。「本集会に参集したすべての諸君が自らの攻撃性をいかんなく発揮し、自ら武装し、機動隊をせん滅せよ」。あるいは、「一切の建物を焼き尽くして渋谷大暴動を実現する」。こうした演説が、破防法（破壊活動防止法）違反となったわけです。

破防法は団体規制とかいろいろと問題のある法律だと思いますが、このなかで煽動罪を独立で処罰する類型があります。この事件は、実際に渋谷大暴動が起きたわけではないから「教唆」にはあたりませんが、大暴動をやれ、と煽ったので、それ自体が独立の犯罪だということで、煽動罪で処罰することになった事件です。

これで処罰された側が、憲法違反だ、表現の自由の侵害だ、と争ったわけです。最高裁まで行って、最高裁は表現の自由の侵害ではないと判断をして、煽動罪を合憲だと判断している判例です。

これと同じような類型のものとしてヘイトスピーチを処断する、煽動自体を処罰することも考えられるのではと思います。そう考えると、ヘイトスピーチの場合も、社会的法益といえるのかなとも思います。

木村：煽動罪の保護法益をどう理解するかですが、「放火」や「殺人」には予測される被害者は具体的にいるわけですから、「個人的法益」ととらえることもできるかと思います。

しかし、「虐殺」の煽動は、いまご指摘いただいた判例でも、煽動したときに具体的に火がつく危険が本当にあった、という状況にまでならないと、適用できないといわれています。そうでないと、この場で哲敏さんを捕まえなくてはいけなくなってしまうわけですから。

つまり、実際の状況をみて判断します、と法律ではなっていますので、例えば札幌のデモで「チョンコみたらぶち殺せ」とデモの参加者がいったとして、渋谷大暴動のときのように危険度を認定してくれるかというと、そこは難しいのではないかと思います。

司会：具体的に危険が発生するかということでいえば、殺人という結果が発生するかどうかというと、確かに具体的危険性はないかと思います。一方で、先ほどの話からすると、それを聞いたマイノリティに生ずる心の痛みであったり、自尊心の傷つきであったりということは現実に発生するといってていいと思うのですが、そういった観点からはどうでしょうか。

木村：そうなると、竜介さん路線になるわけです。個人への名誉棄損や脅迫という個人攻撃として、その場にいた人たちが被害届を出しましょう、ということになると思います。

社会的法益としてやるのであれば、そういうデモが行なわれることによって、差別が助長される、差別的価値観が養われる、などの法益が害されると理解することになります。そうすると、放火・殺人などの高度な危険性がなくとも罰せられるということになるとは思います。

司会：憲法違反かどうか、についてもご意見をうかがいたいのですが、その重大な利益を守るために必要不可欠な規制であれば、憲法違反ではない、ということになる可能性があるとして、例えば、竜介さんがおっしゃるように、不特定に対するヘイトスピーチであっても、特定個人が害されていると、それを法益とみるんだと、これは重大な利益とみていいのでしょうか。

木村：当然そうだと思いますね。

司会：そうすると、それを守るために必要最小限の規制はできる、ということになると思うのですが、必要最小限の規制をかけるということは難しいのでしょうか。

木村：竜介さん路線でいけば、現行の脅迫罪・名誉棄損罪と同種の類型ととらえて、考えていけばいい、ということになると思います。法益としては、個人の名誉権や生命権、生活の平穏は、表現の自由を制約するだけの重要な価値がある、と考えることができると思いますので。

ただ、そうではなくて、社会的法益として、抽象的に差別的な感情をばらまくことについてはどうかということですね。

私は「差別されない社会の実現」という目的自体は極めて重要なものだと思います。憲法論では、目的が重要かどうかということと、その目的を達成するための手段としてそれが必要不可欠といえるかどうかという問題があって、両方をクリアしなければいけないんです。

私は、目的のほうは差別されない社会、差別をまん延させない社会の実現ということでクリアできると思いますが、これを刑罰で規制することが差別のまん延を防止するために必要不可欠とまでいえるかどうか、というところで、おそらく意見がわかれてくるんだろうと思います。

司会：こういうかたちで、憲法学では、実際にある法律が憲法に適合しているかどうかというのを審査することになっています。その基準を「審査基準」といいます。

いまの審査基準の話について、金哲敏さんはいかがですか。

9　わいせつ表現に対する規制は合憲とされているが……

金哲敏：そのことに関連して木村さんにお聞きします。表現内容に対する規制というのは従来から刑事罰が存在するわけで、例えば名誉棄損もそうですし、わいせつ表現もそうだと思いますが、そこは刑罰を科すことが必要不可欠であると憲法学では考えているのでしょうか。

木村：わいせつ規制については、いまの判例では、わいせつ物頒布一般を犯罪とする刑法一七五条は合憲だとしています。しかし、学説上は社会の性道徳を守るという価値観への介入を理由に刑罰を科すことについては、かなり批判的な意見も強いかと思います。

私は、わいせつより差別禁止のほうが規制する価値が高いと思いますので、そういう意味ではこちらのほうが規制目的は重要だろうと思います。

金竜介：現行法だと、例えば子どもを連れて遊びに行く公園で、男が素裸でおどっていたら、警察が来てその男を連れて行くでしょう。でも「朝鮮人ぶっ殺せ」と叫んでいる男に対しては、「子どもが恐がっているから何とかしてください」といくらいっても、警察は何もできない。そんなのおかしくないですか。

「イスラム教徒をぶっ殺せ」とやっている人間がいて、「何とかしてくれ」と警察にいっても、何もしてくれない。私はイスラム教徒ではないから個人的法益は害されることはないけれども、やはり何かおかしいですよ。いずれにしても何らかの規制は必要なんじゃないかと思いますね。

司会：わいせつとの対比は重要ですので、考えるべきと思っていました。いま木村さんからお話がありましたが、わいせつ的なものを規制するのも、表現内容に対する規制で、刑事罰です。これは歴史的にまったく問題ないとはいいませんが、基本的には実務上確立して行なわれています。

ところが、差別表現を内容に基づいて規制することについては、まったく議論が進まない。これはあまりにも不整合というか、マイノリティとしては納得できないわけです。

それは実態としてもそうだし、理論上も、なぜこっちはよくてこっちはダメなのか、うまく説明できるようにはなっていないのではないかと疑問をもちます。

金竜介：素っ裸の男を警察が連れて行くのをみて、憲法学者が「これは違憲だ、表現の自由を守るためにたたかおう」というのならわかるんです。それには何もいわないで、「イスラム教徒をぶっ殺せ」に対しては「これは表現の自由なんですよ、これを警察が取り締まったら価値観に対する介入なんですよ」というのはおかしいでしょう。

司会：そのあたりを木村さんにお聞きします。

わいせつ表現というのは、おそらくアメリカでも日本でも、保護の範囲外というか、価値の低い表現とみられていると思うんですね。一方で、差別表現やヘイトスピーチのような人種差別的表現はそれほどコンセンサスを得ていないように思うのですが、人種差別もわいせつ表現と同じように価値の低い言論ではないかと考えるのは、難しいでしょうか。

木村：価値の低い言論というのは、規制しても違憲ではないと評価された言論ということになります。結局、厳格審査基準の話になりますが、私がヘイトスピーチや人種差別をわいせつとの対比で考えなければならないと想定しているのは、ハードコアなわいせつ、つまり、裸の男がいるような場合は、警察はかなり真剣に取り締まってくれますが、それと同じくらいにハードコアな脅迫や名誉棄損の場合に、現時点では警察はかけつけてくれないという現実がある、ということをここまで確認してきたわけですね。

それで、まずはハードコアな部分をやってみる。例えば、こういう差別をやって楽しんでいるおぞましい人たちが、少なくともハードコアな部分について一歩でも立ち入ったら警察が飛んでくるぞ、という環境を仮に実現できた場合に、それでたりない部分があったら次を考えるというアプローチをすべきではないか、とは思っています。

つまり③⑥についてはかなり慎重な立場をとるんですけれども、一方で、①④については強行にやってみてから考えてみてはどうか、と思っています。

司会：ハードコアについてですが、この間、シンポジウムの実行委員で議論してきて、③はハードコアではないかと話してきました。ハードコアといういい方はしませんでしたが。この表で右のほうはヨーロッパでは規制の対象になっているジャンルの表現です。諸外国の規制例をみてみますと、⑥に入っている表現で実際に処罰されています。

仮に、日本でそこまでできなくても、③は「殺せ」とか「火をつけろ」とか犯罪を煽動しているわけですから、例えばハードコアといういい方をするのであれば、これもハードコアではないかと思うのですが。

木村：煽動類型としてみるのであれば、こういう発言をしたらすぐにでも虐殺がはじまるということでないと、煽動罪のロジックでは成り立たないので難しいでしょう。

③をハードコアに入れるというのであれば、やはり竜介さん路線の、そこを通りかかった人個人の法益という点をとらえる場合であれば、私は支持します。

10　被害を受けているマイノリティのためのしくみをどうつくるか

金哲敏：結局ヘイトスピーチや人種差別を現行法で取り締まるのはハードルが高いというのは、

だれかが被害者として名乗り出なければ処罰がしにくいから、ということにあると思います。

例えば、排外差別デモを何百人単位でやられた新大久保の商店街の人が被害届を出せば、もしかしたら警察は動いたかもしれません。しかし、率先して被害届を出して、面と向かって被害者が刑事裁判のなかで対峙することができるのかという問題がある。

京都朝鮮学校の事件も、まさにそこにもっていくまでのところに、ルポ（中村一成著『ルポ 京都朝鮮学校襲撃事件』岩波書店）の三分の二ぐらいが占められるような状況でした。実際に学校のなかにいた子どもが被害者ですという話になったら、子どもが法廷に立たざるをえなくなりますから、なおのこと裁判はできなかっただろうと思います。

なので、個人を特定して被害が生じているんだといえなければ犯罪にならない、という類型だと、なかなか刑事処罰にたどりつかないのではないか。そういう実務的な感覚もあって、そこをもう少し抽象的なかたちにして処罰できないのか、という問題意識があるのですが、そこはいかがでしょうか。

わいせつなんていうのは、被害者がいなくても処罰できているわけです。それと同じようなかたちで人種差別についての処罰ができれば、いまよりも警察の取り締まりもできるようになるのではないでしょうか。

木村：「殺せ」とか「みな殺しにせよ」というところに注目していくと、民族的出自に限定する必要はなくて、公共の場ではいわゆる「けんか言葉」を使ってはいけないという規制をかけてはどうか、ということになるのではないでしょうか。平穏な公共の場所を確保するという法益を守るために規制をかけていくという話です。

金哲敏：結局、やられているマイノリティを守らないといけないという部分が重要な法益だと思うのですが、ただ個人的法益の侵害ということでやると、だれかの具体的法益が侵害されたという話にならないといけないという議論なのか、それともそういう人を守るために抽象的な法益というものを設定して、規制をかけることが可能かどうか、という議論だと思うのですが。

木村：そこは、先ほど哲敏さんもおっしゃっていたように、むしろ憲法の論理としては個人の法益を守るためとした上で、個人が訴えやすいような実体法を動かすシステム、例えば匿名で訴訟ができるとか被害届を出せるようなしくみを考えていくという、そちらのほうで担保をすべき問題ではないかと思います。

金哲敏：犯罪行為でだれかがやられました、ということになると、被害者もその構成要件・要素になってしまう。そうすると、起訴状にだれがやられたかは少なくとも特定されなければならないということになります。

犯罪被害者が個人情報を出さないようにするというしくみは、現行刑事訴訟法でもありますが、やはり負担は重い、そこがネックだと思うんですね。同時に、そこを越えていかないと、刑事手続きは動いていかない、ということになるように思います。

司会：議論は尽きないのですが、板垣さん、ここまで法律家の議論を聞いてきて、法律のご専門ではない立場から正直な感想をお聞きかせください。

板垣：待っておりました（笑）。「保護法益」という言葉も今日はじめて意味ある言葉として学びました。そうした立場で聞いていて、ああこうやって法律の議論は立てているんだな、という感想をまずもちました。

二点ほど思ったこと、聞いてみたいことがあります。

一つは、この問題で、個人が特定される／されない、ということもありますが、根本のところで、人種差別撤廃条約の最初の1条（⇩次頁囲み参照）の言葉はやはり重いと思っています。それは、この日本という国で、だれが平等の立場で生活をしていくのか、というところにかかわっていると考えるからです。

ある集団が、公然と常に「殺せ」とか「劣っている」といっていて、しかもインターネットにそれが流され、基本的に野放しにされている社会というのは、はたして平等の立場で政治的、経済的、社会的、文化的に生きていく場を保障されているといえるのか、というのが根本的に私が疑問に思うところです。

しかし、さきほどの保護法益の目的と手段という話でいえば、目的はすばらしいけれども手段ではどうか、みたいな話になっていくところが私はまずよくわからなかったのでもう少し聞きたい、というのが一点目。

それから二点目は、たまたまそこを通ったら聞いてしまったという場合はいけるかもしれないということでしたが、この問題の場合は、プラスして、インターネットに映像がアップされ拡散され続けるという問題も入っています。いつでもどこでもだれでも、ブラウジングしているうちにその映像をみてしまうことがいくらでもあるわけです。

単に物理的な場所だけでやっているわけではないというのが、ヘイトスピーチの問題の一つになっていますが、インターネットのように場所を超えて流通していったときに、その映像をみて、平等の立場で生きていく上で損害になっていると感じる個人がいる場合には、いったいどう評価されるのか、この点についてうかがいたいと思います。

木村：人種差別撤廃条約の第1条は極めて重要である、というのは本当によくわかります。ただ他方で、現実はどうなっているのか、ということです。

私の最初の研究論文は、日本国憲法14条1項の解釈論でした。14条1項は、「すべて国民は、法の下に平等であって、人種、信条、性別、社会的身分又は門地により、政治的、経済的又は社会的関係に

人種差別撤廃条約　第1条

1　この条約において、「人種差別」とは、人種、皮膚の色、世系又は民族的若しくは種族的出身に基づくあらゆる区別、排除、制限又は優先であって、政治的、経済的、社会的、文化的その他のあらゆる公的生活の分野における平等の立場での人権及び基本的自由を認識し、享有し又は行使することを妨げ又は害する目的又は効果を有するものをいう。

2　この条約は、締約国が市民と市民でない者との間に設ける区別、排除、制限又は優先については、適用しない。

3　この条約のいかなる規定も、国籍、市民権又は帰化に関する締約国の法規に何ら影響を及ぼすものと解してはならない。ただし、これらに関する法規は、いかなる特定の民族に対しても差別を設けていないことを条件とする。

4　人権及び基本的自由の平等な享有又は行使を確保するため、保護を必要としている特定の人種若しくは種族の集団又は個人の適切な進歩を確保することのみを目的として、必要に応じてとられる特別措置は、人種差別とみなさない。ただし、この特別措置は、その結果として、異なる人種の集団に対して別個の権利を維持することとなってはならず、また、その目的が達成された後は継続してはならない。

おいて、差別されない」という、法の下の平等と差別されない権利を定めたものです。

最高裁は、この「差別されない」という文言には特に意味がなく、平等権と差別されない権利は同じだという前提をとっています。差別されない権利という観点は日本国憲法にないものとして、学説も判例も解釈してきたという状況があります。

日本国憲法14条は先駆的な条文で、一九四七年当時、「差別」という言葉が憲法に入っている国はそんなになかったんです。わざわざ憲法の条文に書いてあるにもかかわらず、日本の法律家が差別問題について敏感でなかったという点は、大いに反省すべきだと思います。

差別されない権利を実現していくために、刑事罰もそうですが、今日強調しているように、まずマイノリティが相談しやすい環境をつくる部局があって、マイノリティが訴訟を起こすときにかかるコストを支援する制度をつくるというような、さまざまな支援の制度・枠組みをつくっていく義務が、人種差別撤廃条約からも憲法14条からも、国には発生していると私は思います。また、その義務を十分に達成してこなかったという点は、しっかり反省しなければいけないと思います。今日の議論からも、たくさん制度化できるようなアイデアが出てきたのではないかと思います。

二つ目の、ネット上に公表する行為は、デモ行進とは別の情報発信行為になるので、それ自体が独立のヘイトスピーチということになると思います。

板垣さんもご経験があるかもしれませんが、ネット上での名誉棄損については、理論上は、確かに個人を特定して賠償を請求することも可能ですが、まず個人を特定するのに数十万円かかってしまう。弁護士の方は苦笑されていますが、プロバイダ責任制限法でこの人を特定してくださいというと、じゃあ三〇万円かかりますよ、ということになるわけです。そういうこともあって、ネット上でのヘイトスピーチは公道上とはちがって非常に捕捉がしにくい状況になっています。しかも海外サーバーにデータがある場合には、日本の警察も容易には対応できないかもしれない。

ということなので、やはりこのネット上での情報の流通については、これもまた本気で日本政府はとりくまなければいけないのではないかと思います。それこそプロバイダから特別の税金をとって、その分を個人の特定のために使う、というような制度をつくり、その一環としてネット上の差別表現を捕らえていく。そんな制度を考えてもいいのではないかと思います。

何度も強調していることですが、個人が特定されているハードコアの部分ですら、規制が十分になされていない、というこの現実は、まさに人種差別撤廃条約が求める人種差別から効果的に保護する義務への違反といっていいのではないかと思いますね。

11　質疑応答

司会：時間の関係で質疑応答に移らせていただきます。質問をたくさんいただきましたが、全員分はお答えできませんので、一部だけにかぎらせてください。

質問1：ヘイトデモへの対抗行動・カウンターが集まるようになり、レイシストの増長を一定程度抑制してきたと思うが、こうした市民レベルの自発的な立ち上がりをどう評価するか。また、今後、一般の市民としてどのような運動が望まれるか。

金竜介：まさにそのとおりです。一時、新大久保では五〇〇人以上の在特会のデモを押しかえすかたちで、それを上まわる市民が集まりました。「レイシストは帰れ」「レイシストは出て行け」と。カウンターのやったことは非常に大事なことだと私は思っています。

ただ、それだけでいいのかということ。そこがいま、私たちには必要なんですよね。

先ほどもいいましたように、「朝鮮人をぶっ殺せ」といっている人間に対して、「お前らのほうこそ殺すぞ」といったら、これは脅迫罪になってしまう。つい腹が立った在日コリアンが、レイシストに対して手を上げてしまえば、傷害罪で訴えられてしまう。それから、カウンターは「無届けデモ」ということでしょっぴかれる可能性もある。

カウンター、民間レベルの抗議活動は、非常に重要だと思いますし、私もあれをはじめてみたときは、非常にうれしかったです。ただし、それだけでは絶対にだめだと思います。

カウンター行動している人のなかには在日コリアンも結構いるんですよ。朝鮮人も一緒になってカウンターをしています。でも、なんでそんなことをやらなくてはいけないのか。日曜日にやりたいことは他にもたくさんあるのに。

私たちがやらなくても、そういうことについては、税金をもらっている行政側が対応してください、いや法律がないからできません、じゃあ法律をつくろう、という状況にあると考えています。

私は民間によるカウンターや運動は非常に大切だと思いますが、それはまた別の議論です。私は、公権力が人種差別とたたかえるような法律をつくるべきだと思っています。

質問２：警察はヘイトデモの参加者を守ることには熱心ですが、ヘイトの被害者を守ることには大変に消極的だと感じます。なぜでしょうか。警察にもっと被害者を守るために動けといえないのか。あるいは、警察は大変恣意的に動いているようにみえる。彼らは人権意識がそもそも低すぎる。そうした組織を動かすにはどうしたらいいのか。こういう質問がたくさん来ています。

金哲敏：警察がなんであんなにヘイトデモを守るのかというのは、素朴に考えて、おかしいですよね。国連でも人種差別撤廃委員会でヘイトデモのビデオを流したときに、なんでこの国はレイシストたちを保護しているんだ、積極的に差別を助長しているんじゃないかというような指摘があったくらいで、警察の対応のし方には非常に問題があると感じています。

二つの意味で問題だと思います。一つは、人種差別撤廃条約では、国が一切差別を援助・助長してはいけないことになっているわけです。差別をなくさないといけない、その前にそもそも援助・助長してはいけないのに、まさに差別をしている側を援助・助長しているのではないか、明確な条約違反ではないか、という問題が一つ。

二つ目は、今日の議論のとおり、あのヘイトデモは現行法上も違法ではないか、犯罪ではないかという問題があります。犯罪だとしたら、警察は止めるべきではないか。本来、犯罪が目の前で行なわれていたら、警察は現行犯逮捕するべきなのに、それをやらずに逆に守っているという状況は、さらに問題だろう。

これは国が違法行為をしていると私は考えます。行政が不作為をしているという、違法を理由とした国賠請求も理論的には可能ではないかと考えるのですが、この点、可能かどうか、木村先生にもご意見をうかがいたいです。

木村：現行法でも違法な部分があるのに、これに対しても警察・検察は動いてくれない、という面はあると思います。警察の側からすれば、名誉毀損など、「表現の自由」の「表現」にかかわる部分については、非常に抽象的な判断が求められるので、「これは本当に侮辱なんだろうか」「これは本当に脅迫なんだろうか」と、現場で判断がしにくいということだろうと思います。

ですので、現行法の強化ということを考えると、現場の警察が動きやすくするために、例えば別表みたいなものをつくって、ここに掲げる行為はしてはいけない、というように、明確なかたちで示してみたらよいのではないか。

もちろん根本的に、警察のなかに差別意識がある可能性はまったく否定しません。ですから、そうした組織を動かすためには、かなり明確な指針が必要です。「このルールに書いてあるから、こうします」となるように、現場の判断に負担がかかることのないような、法制度の強化をすることが先決なのではないかと思います。

質問3：板垣先生への質問です。諸外国ではヘイトスピーチ規制があるということですが、運用によっては結局マイノリティに跳ねかえってくるというような事例もあると聞いている。そういった危惧はないでしょうか。あるいはそうした危惧を除去するためにはどういった工夫が考えられるでしょうか。この疑問の背景には日本政府への不信感があります。

板垣：「ヘイトスピーチ」という言葉が現在、範囲が広がりすぎて、ちょっとした悪口まで「ヘイトスピーチ」と呼ぶような状況になってしまっています。もしそのような法制度になったら、悪用が危惧されるだろうと思います。

そうではなく、何を是正しようとしている法律なのか、しっかりとその関係を明記する。例えば、「マイノリティ」についてきちんと規定することなどが重要です。「障害者差別解消法」は、そういう可能性をもった法律だと思います。

へんなかたちで跳ねかえらない歯止めは必要だし、あるところでは裁判官のような人たちの常識や理性を信頼するしかないところもあるとは思います。

法の悪用だけが問題ではありません。ヨーロッパで法規制が進んでいったあとにも、そうしたことをかいくぐってレイシズムやヘイトスピーチが発生するということがありました。フランスなら「共和制の理念を守る」というだれも反対できないいい方をして、「公共の場でスカーフをかぶるような人たちは、共和制を破壊しようとしているんだ」といういい方をする。要するに、「人種的」という範疇を使わずに、そういう論理にすりかえていくということもあります。

法規制をしても、それがゴールではありません。実質的にどういう効果をもっているのか、被害の実情にきちんと対処できるような法体系と運用が必要だろうとは思います。

質問4：金竜介さんへの質問です。ヘイトスピーチの当事者とはだれなのでしょうか。ターゲットとされている人びとが、これ以上の被害にあわないように根絶すること、受けた心身の傷を癒す支援システムを構築すること、あるいは加害者の処罰ならびに更正システムも必要です。

しかし、傍観している人びとも当事者のはずです。なぜなら差別煽動は、社会の公正・公平・民主主義に対する違法行為ととらえることもできるからです。

在日朝鮮人への差別煽動は、その他の人びとへの差別煽動にも移行しうるもので、社会秩序（公平・公正・民主主義）が破壊されるという視点からも考える必要があるのではないでしょうか。


金竜介：まず「傍観者がいる」という指摘はそのとおりだと思います。「朝鮮人をぶっ殺せ」といって街をねり歩く人間が仮に一万人、一〇〇万人いるとしても、日本の人口の一％にも満たない。「朝鮮人をぶっ殺せ」という人間だけが怖いのではない。あれをみて「気にしなければいいでしょ」「たいしたことじゃないよ」「マイノリティに任せておけばいいんだ」と、そういう反応をしてくる大多数の人間が怖いのです。あるいは「たしかに朝鮮人ぶっ殺せはひどいよね、でも、韓国の「反日」活動をみてると、そういいたくなる気もちもわかる」というような、「自分は「朝鮮人をぶっ殺せ」といっているあいつらのような下品なまねはしたくないけれども、でもその気もちもわかる」という、大多数の人間が私は怖いのです。

安倍首相のような人間が一〇〇人いること自体が怖いんじゃない。その一〇〇人を支援している人間、無視している人間が私は怖い。

それから、在日コリアンだけの問題ではなく、その他のマイノリティ全体の問題ではないのかという指摘は、そのとおりだと思います。

今日、ここに在日同胞が何十人も集まっていると思います。在日コリアンははたして他のマイノリティの問題についてとりくんできたか。私たちの前の世代は「犬と朝鮮人はお断り」といわれてアパートを借りられない時代がありました。では在日コリアンの団体が、イスラム教徒というだけでアパートを借りられない人を、支援しようとしているでしょうか。

フィリピン人のお母さんたちをみていると、在日朝鮮人の一世や二世のお母さんたちと同じような苦しみを受けているようにみえる。では朝鮮人の民族団体が日本に住むフィリピン人の子どもたちへの支援をしているか。

民族教育は大事といっている朝鮮人が、ブラジル人の子どもたちが母語で教育を受けられない、日本語の授業についていけない、社会的に脱落する、ついには犯罪に走る、そして子どものころから一〇年以上行ったことのない国へ帰国させられる、それを座視しているのではないか。

ヘイトの問題は在日コリアンだけの問題ではない。しかし在日コリアンはいままで他のマイノリティといっしょに行動しようとはしてこなかった。

私は恵まれています。堂々と本名を名乗れる。では在日コリアンの団体は、本名を名乗れない人たち、すでに帰化して日本名を名乗っている人たち、親が朝鮮人とはいえない人たちに何かをしてきたのか。していません。

私は今日、在日同胞に訴えます。在日同胞は在日コリアンの問題だけをやっていてはいけない。もしレイシストが「イスラム教徒は出て行け」というだけだったら、在日コリアンの団体はどこも動かなかったでしょう。一緒にたたかうためにすべてのマイノリティは結束しましょう。

12 おわりに

司会：多岐にわたる論点が出されたのでまとめるのは難しいだろうとは思いますが、まとめ、あるいは感想も含めて、最後にお一人ずつ発言をいただきたいと思います。

木村：今日は私もたいへん勉強させていただきました。現行法の、憲法上は絶対に疑義が出ないという範囲であっても、できることはたくさんあるということがわかりました。また憲法上疑義がある部分についても、考えなければいけないことがたくさんあるということがわかりました。

私はやはり、できることからどんどんやっていくべきだと思います。

「ヘイトスピーチ規制」というと、じゃあ抽象的な民族侮辱を犯罪とする法律を刑法に入れればいいよねという話を考えがちです。もちろんそれも大事な議論ではあるのですが、それも含めて、もっと広がりのある差別対応のための法整備が必要なんだということを総合的に考えていってほしいなと思いました（拍手）。

板垣：法整備はぜひ進めなければならないし、とりわけ法学者、弁護士の方がたを中心に、とくに東京の、関東の方がたを中心に進めていってほしいと思います。どうしても、地方にいると動きにくいということがありますので。

同時に、私は私の現場でいろいろとやっていこうと考えています。一つは、京都では、「京都府・京都市に有効なヘイトスピーチ対策の推進を求める会」ができて、集会を開いたり、市民で条例をつくるためのワークショップを開いたり、署名をもっていきながら行政の人たちと議論する場をもつなどしてきました。この会は、「有効なヘイトスピーチ対策」とあるように、どこを落としどころとするかまでは、まだ決めていません。それは行政との折衝のなかで、あるいは条例化していくなかで、とにかく何か一歩を進めよう、という考えでやっています。国がなかなか進めないので、地方のほうもぐだぐだとしていますが、朝鮮学校への襲撃事件を起こしてしまった京都だからこそ、率先してやるべきだしできることはあるだろうということで、行政への申し入れを続けています。

例えば、子どもたちがこういう事件に直面したとなれば、日本の公立学校ならすぐにスクールカウンセラーを設置したり、すばやく動くと思います。ところが朝鮮学校の場合は、一切そういうことはなく、完全に学校の自助努力に任せられている。そういうところからでも、行政にきちんと動いてもらう。

また、京都事件の判決を受けて、京都の行政は民族教育をどうするのか、まだ新たな指針を提示できていません。あるいは、被害実態について行政も国もまだ把握できていません。日本政府は人種差別撤廃委員会で、「差別は深刻ではない」とかいっていますが、そんなことをいえるほど調べたことがあるのかといえば、根本的にデータがない。ですから、京都からでも実態調査をやりなさい、といったことを申し入れしているところです。

もう一つは大学です。大学は、留学生、在日コリアンが大勢います。セクシャル・ハラスメント、キャンパス・ハラスメントの防止は九〇年代から二〇〇〇年代を通じて進んできました。しかし、民族差別、あるいは国籍差別というか、いわゆるレイシャル・ハラスメントについてはまだ定式化ができているとはいいがたい。

先ほどアメリカの事例（⇩本書八六頁～金昌浩・報告3参照）がありましたが、アメリカは「学問の自由」を大事にするけれど、大学のなかで平等の権利で学ぶ環境を整える義務という点についても、同時に強く考えるわけです。公民権法もありますし。

例えばある大学では、その大学の人種的な観点からみた暮らしやすさ、これを「レイシャル・クライメート」といいますが、そういう調査を一学期に一度程度の割合でします。もちろんハラスメントの類型のなかにそういうものを入れていくということもやっている。日本でもぼちぼちとは進められていますが、きちんとしたとりくみはなされていません。そこを大学という場からでもやっていきたいと思っているところです。

いろいろな次元の対策があると思いますので、それぞれの現場で、私もできることをやっていきたいと考えています（拍手）。

金哲敏：今日の議論ではっきりしたことがいくつかあります。まず、人種差別撤廃条約があり、憲法14条には「差別をされない権利」がある。それらをどう保障するのかということは、国がきちんと対応しなければならない、国が義務を負っている問題なんだということです。ここはだれも異論のないところだと思います。しかし、実際にそれができていない現状があるというところも、今日、確認できたと思います。

そうした現状をどうするか、ということですね。日本はそれについて何の法制度も整備できていない。また、処罰規定のない理念法である人種差別撤廃基本法をつくろうと、前回の国会では議員の有志から議員立法で法案が提出されましたが、それさえもろくに通らないという状況です。まずは、やるべきところをやっていく。そういうところから手をつけることが必要だと思います。いまでも、現行法上できることはたくさんあるとは思います。刑法の適用の問題もそういう問題だと思いますし、行政による調査もそういう問題だと思います。また、人種差別的団体が動いていることに対して、行政が手をこまねいているだけで何もできないのかというと、いまの法律を、人種差別をやってはいけないという観点から適用すれば、もっとできることもあるのではないかと思います。刑罰をつくるということも最終的には必要になってくると私は考えていますが、とりあえずできるところから、どれだけみなさんと手わけしてやっていくかだと思います。

これはマイノリティが「やろう」といっても、できない問題です。社会がコンセンサスをつくって「やらないといけない」と考えるようにならないと、実現しない問題だと思います。合意をどう形成していくかということを含めて、今後も議論していきたいと思います。

きっと木村先生がいいアイデア、そういう憲法論を論文で書いてくださるのではないかと思いますし（笑）、板垣先生からは人種差別の問題についての通史もないというお話がありましたので、そういうことも書いてくださると思います（笑）。それらが蓄積されていくことを期待しています。私も弁護士の立場からできることをやっていきたいと思います（拍手）。

金竜介：私は学生時代に法律を勉強していて、憲法に出会いました。いまも学生や子どもたちに憲法の話をすることがあります。憲法は固いものではない、憲法のことを考えて話したりするのは楽しいことだよ、そう話しています。

こういうシンポジウムに憲法学者が出てきます。これまでたくさん見聞きしてきました。そしてヘイトスピーチの法規制は、「表現の自由との関係から消極的です、慎重です、反対です」という。そして付け加えます。「人種差別については、法規制以外のあらゆる手段を使ってなくさなければいけません」。

そういった憲法学者が次の日から何をしたか。何もしません。人種差別について学生たちに何かをいう、人種差別をなくすための法規制以外の方策を発信するかというと、そんなことはまったくしない。ヘイトの現場でカウンター行動をするということもない。実際には何もしないんです。そして何もしようとしない憲法学者が、法律雑誌でヘイトスピーチを特集すると、「私は法規制には反対です」と書く。

遠方であったり、仕事の都合で今日の集会に参加できなかった人がいます。今日、代々木公園でも大きな集会があって、そっちに参加した仲間もいます。そういう人たちに明日、私は聞かれるでしょう。木村さんはどうだったか、と。私は答えます。「木村さん？　木村草太さんは私たちの味方だよ」と（笑・拍手）。

板垣さんを今日お招きしたのは、これはいまの問題ではない、歴史に通じる問題なのだと指摘する人だからです。本当に私もそう思います。しかし、日本人の多くは、あれは一部の人間がやっていることだ、ああいうのはけしからん、昔の日本人はあんなことはしなかった、と。そんなことではまったく解決できません。板垣さんがおっしゃっているように、これは歴史的観点からみるべき問題であり、現代だけの問題ではないという視点が必要です。

パネラーとして弁護士が二人いる組みあわせをみて、不思議に思われた方もいるかもしれません。通常、こういったパネルディスカッションでは、ここに新聞記者がいたりしますよね。

内輪の話ですけどね。パネラーで私が登壇するといったら、うちの会員がこぞって反対しやがってですね（笑）。代表は、開会の挨拶をしたら、毅然と入り口のところにすわって、へんなやつが来たら追いかえしてくださいと（笑）。それ、代表の仕事じゃないじゃん。おれはなんとしてでも登壇するんだといったら、では、金哲敏をつけましょう、ということになったんです（笑）。彼はさすがです。彼と話しているといつも勉強になります。しかし、ただ、彼も話すと熱いです。この問題について冷静に話せる在日はいません。

こういう集会をやってもっとももがっかりすることは何か。終わったあとによくいわれます。「はじめて知りました」「いままであんな差別があるとは知りませんでした」「これからも差別に負けずにがんばってください」。私たちがほしいのは、差別に負けずにがんばってくださいという励ましではない。「同じ日本人としてあやまります」、「あなたがたは何も悪くない。韓国人としての誇りをもって生きていってください」。そうではない。

私があなた方に聞きたいのは、「日本人の私はこういうことがやりたい、やってみせる」という言葉です。そして今度お会いしたときには、「私はこういう行動をはじめました」、そういう言葉を聞きたいのです。

在日同胞に呼びかけます。本来、これはマジョリティである日本人の問題です。私たちが動かなくても解決すべき問題です。しかし、この日本の社会は、マイノリティが何もせずに、マイノリティが先頭に立たずに、人権が守られたという歴史はありません。つらいかもしれないけれど、私たちが先頭に立つしかない。ともに行動しましょう。

木村さん、板垣さん、今日はどうもありがとうございました。（拍手）

司会：今日は、本当にお疲れ様でした。司会としても、シンポを終えて、「みんなで刑事規制をどんどんやっていこう」という結論におさまるとはもともと考えていませんでした。いろいろと多岐にわたる論点を議論できました。もちろん、一致できない点もあるかと思いますが、少なくともいままでちゃんと議論したことがなかった問題を、実際に具体的に考えることができたシンポジウムになったのではないかと思います。

まず、できることからやっていこう、また、本当に何ができるかを真剣に考えようということだと思います。長い時間ありがとうございました。（拍手）

〔了〕

（二〇一五年一二月五日、東京・連合会館にて）

LAZAKメンバーによる
座談会

シンポジウムを終えて

金哲敏
金星姫
金竜介
宋惠燕
韓雅之
李春熙

❖シンポ企画について

李春熙《リチュニ》：まずLAZAKでシンポをやろうとなったときに意識していたのは、ヘイトスピーチの被害が深刻であり、ヘイトスピーチはジェノサイドにつながるようなものだということをきちんと伝えなくては、ということに加えて、法的規制をめぐる議論を一歩深化させなくてはいけないということだった。

ヘイトスピーチの法的規制は「表現の自由」の観点から許容されないといってすませてしまう、一切の議論を拒絶するかのような風潮が主流だった。刑事罰が必要だということに対して、むしろ人権派と呼ばれる弁護士のほうから表現の自由を重視して反対される状況があった。

宋惠燕《ソンヘヨン》：ある弁護士団体内部のヘイトスピーチの勉強会で、複数の在日コリアンの弁護士が、赤裸々に自身の経験をふまえてヘイトスピーチについて話をした。しかし、規制に反対する弁護士が、「ヘイトスピーチなんてそんなたいしたことではないだろう」「差別というのは、女性差別もそうだが、感じかたの問題だ」と話した。マイノリティの立場に一生立つことのないマジョリティに、マイノリティの立場を理解してもらうことが非常に難しいことを痛感した。規制反対派は、「表現の自由が大事だ」の一点ばり。表現の自由のために、私たちが現に受けている被害体験がなかったことにされてしまう、いくら実情を話してもつぶされてしまう。

なので、シンポ当日は、加害の実態がわかるデモのビデオ上映のほかに、金星姫さんに被害の実態についての調査結果を報告してもらい、被害の実態を伝えるべく時間をとった。

金竜介《きんりゅうすけ》：パネルディスカッションの冒頭でも話したが、被害のとらえかたが日本人と私たちとではまったくちがう。私たちは本当に怖い。板垣さんが歴史的観点から話したとおりであり、ここ一〇年などという短期間で発生した話ではない。戦後ずっと人種差別を放置してきた結果、いまの状況が生まれたのだ。多くの日本人は、最近になって「こんなひどいものが急に出てきた」というが、私たちは、出るべくして出た、必然だと考えている。

金哲敏《キムチョルミン》：この問題が難しいのは、宋さんがいわれたように、「差別の被害」というものが、マジョリティである日本人にはわかりにくいところにあると思う。例えば、「殺人をなくそう」、そのために必要な取り締まりをしようという話は、誰もが殺されるのは嫌だと実感できるから、社会的なコンセンサスが得られやすい。しかし「差別をなくそう」というのは、差別されている人間以外は必ずしもその被害を実感しにくい。だから、そもそも、そのための取り締まりをすることに社会的なコンセンサスが得られにくい。

人種差別の被害が何なのか、なぜ人種差別をなくさなければならないのか、ということを社会的なコンセンサスにできなければ、日本でヘイトスピーチの問題は解決にたどりつかない。

人種差別とは、同じ「人間」のなかで、ある集団を別のカテゴリーにわけて、「おまえらは人ではないから差別されても仕方がない」と扱うものだ。例えば、昔アメリカでは、黒人は「人」ではなかった。だから人権はなく、奴隷にされた。人種差別によって「人」という類型から排除されていたので、どんなにひどいことをされても何もいえなかったわけだ。

戦後の日本も、旧植民地出身者に対して、これと同じ仕打ちをした。つまり、戦前は「日本臣民」として日本国籍をもっていた在日朝鮮人に対し、一九五二年のサンフランシスコ条約発効と同時に、日本国籍を剝奪し、「外国人」という、「日本人」とまったくちがうカテゴリーに置いて、さまざまな差別を受けても文句をいえない立場に置いた。この人種差別の構造はいまも続いているが、日本政府は、いまだに在日朝鮮人を「外国人」として排除して、差別してきた国策を露ほども悪いことではなく、当然のことだと考えている。このような日本の「スタンダード」がヘイトスピーチ問題の解決を難しくしていると感じる。

❖「表現の自由」という壁

金哲敏：板垣さんの報告で印象に残っているのは、日本では人種差別というと、黄色人種が白色人種に差別される問題とばかり考えて、日本人が朝鮮人や台湾人を差別することが人種差別だという発想はなかったという話。つまり、自分がやられる側に立っているときには、「人種差別だ、許せない」となるが、自分が差別・排除する側に立つと、「制度的に合法だから問題ない」となる。この国のマジョリティの意識は、いまだにそれを反省する地点に立っていない。だからヘイトスピーチの問題も、「ひどいことや、他人を傷つけることをいうのが悪い」という問題に矮小化された議論になってしまい、「表現の自由とのかねあい」の話ばかりになってしまったのではないだろうか。

本来、この問題は、「人種差別」の一態様として、マイノリティをカテゴライズして排除することがどれだけ危険なことか、やってはいけないことか、という点から議論がスタートされるべきだ。だから、シンポでは、関東大震災時の朝鮮人虐殺の例を挙げて、その危険性を議論するところからはじめたが、きちんと意図が伝わったか不安だ。

表現の自由の重要性には、日本国内において十分な議論の蓄積があるが、他方、人種差別の危険性については、議論の蓄積がたりない。「表現の自由の保障」と「人種差別の撤廃」が同じくらいに重要だと明言する人は法学関係者にも多くないように感じる。だからこそ、「とても重要な」表現の自由を制限してまで、人種差別の取り締まりをすべきなのかという話になりがちなのではないか。

シンポの企画段階で、ＬＡＺＡＫのメンバーからヘイトスピーチへの刑事規制に前向きな主張が出るたびに、私はそんなことを軽々にいえば、ものすごい勢いでたたかれるにちがいないから自制すべきだと話した。それはこのような日本の現状を考えると、「人種差別」は「表現の自由」に手をつっこんでまでも解決しなければならない深刻な問題だということを、マジョリティにも十分にわかってもらえなければ、つっこんだ話などできるはずがないと思っていたからだ。

どんな人間も、同じ個人として同様に扱われるべきだという「個人の尊厳」の価値観からスタートして、それを害する人種差別は、可能なかぎりなくさなければならないという発想がスタンダードになれば、自然とヘイトスピーチもきちんと取り締まるべきだという話になるはずだ。

金竜介：ヘイトスピーチが社会問題になってから、法規制に反対という法律家・憲法学者からは、「朝鮮人を殺せ」言説が「表現の自由」の範囲内という意見（ヘイトスピーチ自体が保障される表現である）、法規制は警察に乱用されるから反対という意見（権力による乱用の危険論）、「殺せ」や「ゴキブリ」という言説は刑罰をもって対処しなければならないと思うが線引きが難しいので立法は困難という意見（条文化の困難性）、ヘイトスピーチは個人に対する名誉棄損や脅迫でないかぎりは気にしなければいい、たいした問題ではないから無視すればいいという意見（被害の過小評価）など、法規制に反対する理由がさまざまな観点から示されたにもかかわらず、これらの意見が未整理のままで「法規制反対論」とされていたため、議論が錯綜していた。

そこを一度整理しようというのが、今回のシンポジウムの企画のはじまり。そうして作成したのが、六分類の「論点整理表」。LAZAK独自のものだ。

李春熙：そもそもこのシンポでは、具体的な法律案を出すとか、いますぐに立法府に何かを働きかけることを目的としていたわけではない。その前の段階で、まったく議論の土台ができていない状況を何とかしなければ、という問題意識がまず第一だった。

シンポのタイトルを「どこまで規制できるか」としたのには、LAZAKとしては意味がある。「表現の自由が大事だ、規制はだめだ」「いや差別はひどい」の二つの対立しか表の議論には出てきていなかった。

そこからもっと具体的に、「表現の自由」との問題があるというが、現行法では名誉棄損やわいせつ罪などで、現に表現活動を規制する法律はある、それとくらべてどうちがうのか、あるいは京都朝鮮学校襲撃事件の判決で、いまの日本の裁判所はここまでいっている、あるいはここまではできないといわれたことを具体的に考えよう、それで今後の議論の土台をつくろうというのが、シンポ開催にあたっての問題意識だった。

宋恵燕：ヘイトスピーチが取りざたされるようになった当初、ヘイトスピーチを規制することに賛成か反対かが議論の出発点だったが、その規制の中身を具体的に論じることはなかった。弁護士は、表現の自由がいかに重要なものであるかを一般人以上に感じており、ヘイトスピーチの問題が生じた当初も、すぐには規制しようという考えにはならなかった。しかし、弁護士が、実際にヘイトデモの現場に行って自分の目でみるようになって、現行法上とる手段がないとわかったときに、徐々に弁護士のなかでも何らかの規制をしなくてはならない段階にきているのではないかという考えに傾いていった。

だが、規制に反対する弁護士は、「表現の自由があるから」というだけで、規制しなければならない表現の有無、規制の種類を一切検討せずに、思考がそこでストップする。今回のシンポは、そのあたりを事例にわけて、こういう言葉をこういう状況で発した場合は現行法で対処できるのか、あるいは、可能性としてどのように規制ができるのか、と整理して考えたことに意義があり、画期的だった。

金哲敏：現行法でも、表現活動に対する規制はまったくないわけではない。名誉を棄損したりプライバシーを害するような表現は制約を受ける。表現の自由と個人の人権がぶつかりあうときは、どちらかを一方的に優先するのではなく、どこで調整をするか、線を引くかというアプローチで、民法でも刑法でも基準がおかれ、規制が設けられている。

また、シンポでも話に出たように、個人の人権と表現の自由が直接にぶつかるわけではない場面でも、例えば健全な性風俗を害するからという理由で、わいせつ表現を警察が規制できることになっている。

このように、日本の法体系のなかでも、表現の自由は絶対的に無制約なものではないし、表現の内容に着目して一定の制約をすることも認められている。それなのに、ヘイトスピーチ問題についてのみ、「表現の自由があるので規制できない」、「ヘイトスピーチは規制したら憲法違反になる」と決めつけて、表現の自由との調整を一切検討しないという対応はナンセンスだろう。人種差別の撤廃のために、表現内容をどこまで制約できるのか、どこで線引きができるのかを、きちんと考えて議論すべきではないか、という問題意識はシンポでも提示できたように思う。

❖侮辱・名誉棄損とヘイトスピーチ

李春熙：名誉棄損と侮辱がヘイトスピーチと近いと

いえる。現行の名誉棄損罪や侮辱罪は、なぜヘイトスピーチに対応できていないのか。

金哲敏：現行の名誉棄損罪や侮辱罪は、個人に対する行為を規制するかたちとなっている。それは、個人の名誉権やプライバシー権と、表現の自由との衝突を調整するための規制として設けられているからだ。

しかし、日本で横行しているヘイトスピーチの多くは、個人を名指ししてやっているわけではなく、特定の集団、人種的・民族的な少数者集団を対象にして行なわれている。そのため、現行の名誉棄損罪や侮辱罪で対応するには、被害を受けた個人が特定されないという理由で、対応が難しくなっている。

そのため、個人を特定しないでも、何かしらの規制ができる法律をつくらなければ対応できないのではないかという意見がある。他方で、現状のヘイトスピーチのなかにも、実質的に被害者を特定できるものもあるはずだから、まずは現行法でできることからやるべきだという意見もある。

李春熙：被害者が特定されているかどうかが、現行法上の分岐点になる。京都の朝鮮学校の事件では、特定／不特定については、その点どう述べられていたか。刑事でも民事でも。

金哲敏：京都朝鮮学校の事件は、朝鮮学校という「法人」が被害主体となり、それに対しての業務妨害や不法行為を観念することができた。現行法でも、特定の「誰か」が、みずからが受けた人種差別的な攻撃に対して、民事・刑事手続による救済を受けることはできるから、このような整理を通じて、朝鮮学校に対するヘイトスピーチが違法と認められたわけだ。

ただし、地裁判決では、抽象的な誰か、例えば「民族」に向けられた攻撃は、人種差別であっても現在の日本の法律上救済手段が整備されていないので、裁判所が助けることは難しいと、率直な指摘もされている。

李春熙：現行法では不特定に向けたもの、例えば民族に対する攻撃には対応できないとなっているが、実際の被害の現場や被害の実態からみても、そういえるか。

金星姫《きんそんひ》：私が人権ＮＧＯのヒューマンライツ・ナウに入った二〇一四年ごろは、在特会の活動が活発になっており、規制の是非を問う議論が出てきていた。

そこで、そもそもの被害実態、つまりは立法事実の有無を調査しようとなった。

李春熙：被害個人を特定できない不特定多数に向けたヘイトデモや街宣は規制できないとなっているが、実際には、それに遭遇した個人が傷ついている。

金星姫：「朝鮮人死ね」、「朝鮮人殺すぞ」という表現だが、その場にいあわせた人は、まさに自分に向けられた攻撃と受け止めている。「自分が殺されるのではないか」と。ヘイトデモや街宣の場では、関東大震災時に朝鮮人が虐殺された歴史がよぎり、身の危険を感じるという回答もあったように記憶している。

ヘイトデモや街宣は、不特定多数に向けられたものだから個人に被害は生じないという議論は、ヘイトデモなどに遭遇した人の話を聞けば、まちがいであることがわかるはずだ。

宋惠燕：政府による正式な調査が、最近まで実施されてこなかったなかで、民間の調査とはいえ貴重な結果を得た。

金竜介：ジャーナリストの安田浩一さんの著書にあるが、李信恵さんと新大久保のヘイトデモの現場へ行き、終わってから、「名指しされなくてよかったね」と、在特会に名前も顔も知られている李信恵さんに声をかけたところ、「デモの最中ずっと攻撃されていた、朝鮮人は死ね、殺せといわれ続けていた、あれはぜんぶ自分のことだ」と李信恵さんにいわれて、安田さんははっとしたという。不特定に向けたものだから個人に被害はないというのは、被害という観点からすればおかしな話だ。

木村草太さんは、不特定に向けられた、民族に対する侮辱であっても、その目の前に人がいれば、その人個人がやられたと考えて規制できるといわれた。

朝鮮学校の前でなくても、朝鮮学校の生徒が使う通学路だとわかっていて「朝鮮人、ぶっ殺せ」といったのなら、私は現行法で取り締まることは可能だと思う。

韓雅之《はんまさゆき》：発言する側が、目の前にいる人間を認識しながら、この人間に向けた発言をする場合は、たとえ発言内容が名指しではなく、不特定多数を対象にしたものであっても、当該発言を取り締まることはできると思う。

そうではなくて、目の前の個人に向けての発言であることが明らかでない場合はどうか。

私は関西でヘイトデモを観察したことがあるが、彼らの発言は、特定の民族に向けた内容だが、特定の個人に向けた内容ではない場合が多い。ただ、デモにいあわせた在日コリアンにしてみれば、彼らからヘイトスピーチされているといわざるをえない。しかし、現状ではそれを処罰するのは難しい。

金竜介：警察署のホームページでは、「○月▲日に、××で人を殺します」とネットに書きこむと、威力業務妨害罪や脅迫罪といった犯罪行為になるので、絶対にやめましょうと警告している。この論でいけば、「鶴橋大虐殺を実行しますよ」と路上で叫ぶ行為が、不特定に向けたものだから現行法では取り締まれないとはいえないはず。警察がやろうとしないだけのことだ。

私は「鶴橋大虐殺を実行しますよ」は、犯罪だと考える。現行法でも逮捕・取り締まることができるはずなのに、実際には警察はそれを目の前にしても何もせず、やらせるがままにしていた。

李春熙：そこはかぎりなくグレーなところ。私たちの分類表では、一つの大きな軸は、まず、言動が向けられた対象が、特定か不特定かというタテ軸。もう一方のヨコ軸は内容。「死ね」「火をつけろ」など、あきらかにそれ自体が犯罪にあたるような内容の言論と、そこまでではないが、集団に対する誹謗、名誉棄損にあたるようなもの、例えば「朝鮮人はゴキブリ」「帰れ」など。内容面で、よりひどいものと、そうでないものとに大きくわけて整理した。

特定／不特定かをあらわすタテ軸では、さらに境界線にあたるものとして、「マイノリティ集住地区」に向けられたものの枠を設けた。

「鶴橋大虐殺を実行しますよ」は、一方ではおおやけの場での発言で、特定個人に向けられたものではない。他方、これが在日コリアンの集住地区である鶴橋で行なわれた場合、ある意味、そこに現実に存在する在日コリアンをターゲットにしたものといいうる。なのに、不特定に向けられたものだから対処できないとしていいのか、という問題がある。シンポジウムでは、木村草太さんはこれについてはどういわれていたか。

金竜介：「鶴橋大虐殺を実行しますよ」は、分類表では②に当たる。木村さんは、②は①に近づけてなんらかの規制ができるのではないかといった。

私は、むしろ、②の類型は③に近づけることによって制約が可能と考える。②の事例と挙げた「鶴橋大虐殺を実行しますよ」は、③の事例として挙げた「いい韓国人も悪い韓国人も殺せ」に近いのではないかということ。よって、②が制約できるという結論だと、③も制約可能と考えられるのではないか。

そもそも「特定／不特定」というが、「いい韓国人も悪い韓国人も殺せ」であれば、「すべての韓国人」ということだから、対象は特定されている。示された人間が多数だというだけで。

金哲敏：この点は、そのように単純には整理できないのではないか。ヘイトスピーチについては、対象（被害者）特定に着目した類型だけでなく、行為に着目した類型も考える必要がある。行為による類型で分類すると、一つは「マイノリティ」に向けて、害悪の告知や侮辱などの攻撃をする類型があるし、もう一つは、ヘイトスピーチを聞いている「マジョリティ」に向けて、マイノリティの名誉を毀損したり、マイノリティを攻撃するように煽動するという類型がある。いま議論していたのは、ヘイトスピーチが「マイノリティ」に向けられている前者の類型だ。

木村草太さんの指摘はこういうことではないか。まず、目の前に朝鮮人がいて、「朝鮮人をぶち殺すぞ」といえば、それは現行法の脅迫に当たる。そうすると、鶴橋に朝鮮人が大勢いるのを承知の上で、その朝鮮人に向けて、「朝鮮人をぶち殺すぞ」といえば、同じように朝鮮人を怯えさせるものだから、脅迫になる。しかし、犯人は、「私は朝鮮人を脅そうとしたわけではない」と弁解するかもしれない。それでも、集住地区である鶴橋に朝鮮人がいることはわかりきっているわけだから、そのような弁解は通用しない。だから①と②は、同じようなロジックで現行法で規制できるのではないかと。

他方、まったく朝鮮人がいるかどうかがわからないようなところでヘイトスピーチをやっても、そもそも攻撃を向けられているマイノリティがいるかどうかもわからない。仮に、その場に客観的にマイノリティがいなければ、そもそも脅迫は成立しないし、仮にいたとしても、犯人が「まさかいるとは思いませんでした」

と弁解すれば、その言い訳が通ってしまい、故意を証明できないという限界があるので、③はいまのところ手をつけられないという理屈ではないか。

このように、マイノリティに向けた攻撃類型について、①②③にわけて議論すべきだという理屈は一理あるように思う。

一方、もう一つの「マジョリティ」に向けたヘイトスピーチ・差別煽動の類型については、①②③を分類して議論するのはそれほど意味がないように思う。それとは別の観点からの議論が必要だろう。

❖差別煽動の規制について

金哲敏：マイノリティに対する直接的な攻撃は、被害者を特定して、被害者を守る枠組みをつくればいいので、いままでの考え方の延長でできる話だ。被害者が名前を出して保護を求めないと救済してもらえないという問題は、手続きを整備するというアプローチによることも考えられる。

また例えば川崎・桜本でヘイトデモをやられている住民たちから大変な目にあった、しんどい思いをしているという話を聞けば、多くの人が何とか助けてあげたいと思うだろうから、規制のコンセンサスも得やすい。

しかし、より問題なのは、人種差別の目的をもってデマを流して、特定のマイノリティの評価を落とし、「こういうやつらは排除されてしかるべきなんだ」と、差別を煽動する行為ではないか。

過去の虐殺の例をみても、人種差別的デマが発端となっているのが大半だし、関東大震災でもこのような差別煽動が虐殺につながった。人種差別的デマをみて、大勢の人間が、マイノリティについて「こいつらは排除されてしかるべきだ、殺されてしかるべきだ」と考えるようになってしまったら、もう終わりだ。

しかし、こうした差別煽動は、現状の法規制の延長では防げない。これにどう対処するのかが、ヘイトスピーチ問題のいちばん難しいところだ。

宋恵燕：「在日特権を許さない市民の会」、いわゆる「在特会」が出てきたとき、ＬＡＺＡＫでは、このようなデマは淘汰されるだろうから放っておこうとなった。あの当時は、まさか彼らの主張を大勢の一般市民が信じるとは思わなかった。在特会の主張を信じている人があまりにも多いことに驚いた。

金哲敏：このような規制を議論する場合、まず、人種差別の意図をもってデマを流し、差別を煽動することが、社会に対してどういう害悪を生じさせるか、という点を明確にする必要がある。デマに基づく憎悪がどれだけ危険なものであるかを社会全体で共有できないかぎり、規制の話はなかなか進まないだろう。

この点は、わいせつ規制についての過去の議論が参考になる。わいせつ規制については、特定の被害者がいるわけではないため、規制することが本当にいいことか疑問視する見解も強いが、それでも健全な性道徳を守るという規制目的が定められ、実際に規制がなされている。

これに対し、シンポで木村草太さんは、人種差別を撤廃し、マイノリティが社会から排斥されることを防ぐという規制目的は、わいせつ規制の目的よりも重要だという点は肯定された。現行のわいせつ規制との比較をきちんとすれば、差別煽動規制だけが、規制の必要性はないという結論にはならないと思う。

しかし、この点をクリアしても、濫用の危険性についてどのように手当てするかという点は、さらに議論が必要だ。わいせつ規制に対しても、表現規制への濫用の危険性について警鐘がならされ続けてきた。この点をどう手当てして濫用されないような制度にするかを徹底的に議論して、社会のコンセンサスが得られる制度をつくりあげていく必要がある。

李春熙：在特会が行なっている「在日特権」をめぐる言説も、分類表で考察した規制類型からかけ離れたものとは考えていない。不特定多数の在日コリアン・在日朝鮮人という全体に対する一種の名誉棄損・誹謗でもあるし、差別煽動でもある。

このように分類して考えていくと、どの点で共通点があり、個別の被害者対策とちがうかがみえてくる。ヨーロッパでの規制の実例をみると、在特会の「在日特権」を主張する行為は、ヨーロッパの基準では差別煽動に該当するといっていい。

これが「表現の自由」の名のもとに野放しにされているのはおかしい、ということは、みなさん一致したのではないか。

❖ヘイトデモ現場の警察官をどう動かすのか

金竜介：これまでのシンポでは、憲法学者は「表現の自由」というだけで、その後の議論も対話も、まったくの平行線で終わることが多かったが、今回のシンポで木村草太さんは、私たちの話をよく聞き考えてくれた。①ではやれることがあると。最終的に③⑥については私たちの考えとはあわなかったが、単純に平行線ではなかった。意義のある議論だったと考える。

韓雅之：木村草太さんは、①②は現行法上でも規制ができるのに、実際にはされていないことが問題なので、まず現行法で動けるところをもっと動かしていきましょうというお話だった。

しかし、例えば、在特会はデモのために道路使用許可をとり、形式上は適法にデモをしている。大阪の警察は、在特会とカウンターとの衝突を予測して、大勢の機動隊を配置する。在特会は機動隊に囲まれ、守られてデモをしているようにしかみえない。カウンター側は、「やめろ」とデモに追走するが、むしろ、警察はカウンター側を排除しようとする。こうした警察の態度に問題はあるが、こうした状況で、現場の警察官がそこでの発言をいちいち聞きとって、これは脅迫にあたるんじゃないか、これは名誉棄損じゃないかと、現場で判断することはできないだろう。

「動かしていきましょう」というだけでは、事態は何も変わらない。どうすれば警察は動くようになるのか、そこまで考えてもらわないと無責任だと思う。

金竜介：本来、現行法で①ができるのに、これにも何もやらない警察が、③に対して何もするはずがない。ただ、新法[*1]（ヘイトスピーチ解消法）をもって、「警察はもっときちんとやれ」という、一つの根拠にはなりうるとは思う。

金哲敏：シンポで木村草太さんは、現場の警察官が判断できるようなシンプルな基準をつくり、それに照らして「これはアウト」となったら、その場で逮捕できるようにすればいいといわれたが、それは一理あると思う。京都朝鮮学校事件では、警察は現場にいて在特会のやることをみていたのに、それを違法行為と判断できず、現行犯逮捕できなかった。何をしたら現行犯逮捕が可能かの基準をきちんとつくって通達を出すことは是非やるべきだ。

ヘイトスピーチを止める義務が国にはある。このことは少なくとも、国も認めているし、憲法学者のあいだでも異論はないだろう。先の国会でのヘイトスピーチ解消法の法案審議のなかでも、国家公安委員長が警察庁で通達を出すといっていた。[*2] 十分実現可能なはずだ。きちんとした通達をつくらせるために、それにコミットしていくことも大切だ。

韓雅之：どんな通達になるのか、そこが重要。

金哲敏：法律だけでなく、そういう通達にコミットし、きちんとしたものをつくらせることが大切になる。

李春煕：今回のシンポに木村草太さんをお呼びしたのは、憲法学者の意見を正確に把握したかったからだ。憲法学者のなかには、ヘイトスピーチの規制自体がすべて憲法違反かのごとく話す人が多い。そこで、規制の対象となる言動を整理・分類して、ヨーロッパの状態もふまえ、憲法学者の木村さんに具体的にぶつけた。

そうしたところ、多くの部分について、規制することは憲法違反ではないだろうと明確におっしゃった。それと、かなりの部分は現行法でも対応可能なはずだと。現行法でも対応可能だという木村さんの意見は評価がわかれるところではあるが、いずれにせよ、憲法違反の問題は起こらない、ちゃんと法律をつくれば対応可能ということを明確におっしゃったと思う。そこはこのシンポの成果だ。

ヘイトスピーチの規制は、日本国憲法下では一切で

＊**1**……ヘイトスピーチ解消法（本邦外出身者に対する不当な差別的言動の解消に向けた取組の推進に関する法律）：二〇一六年五月二五日、衆議院本会議にて可決、成立。国が「不当な差別的言動は許されないことを宣言」した理念法。ヘイトスピーチを「本邦外出身者を地域社会から排除することを煽動する不当な差別的言動」等と定義し、国や自治体に解消に向けたとりくみの推進を求めている。

＊**2**……警察庁は、二〇一六年六月三日、ヘイトスピーチ解消法の施行を受け、ヘイトスピーチのデモなどでの違法行為に対し厳正な対応を求める通達を都道府県警に出した。（警察庁ホームページを参照）

きないわけではない、そこが明確になったので、あとは、私たちの社会がそれを求めるかどうかだとなる。

❖人種差別目的のデマへの対処について

韓雅之：おそらく「在日特権」というデマの街宣やデモは止められないでしょう。

金哲敏：現行法では、デマを流すこと自体を止める手段はない。

韓雅之：今回のヘイトスピーチ解消法でも無理ですね。

金哲敏：警察にやらせるかどうかはさておき、人種差別目的でデマ情報がまん延することに対しては、何かしらの方法で止める必要がある。

一九九〇年代後半、インターネットが普及しはじめ、アングラ掲示板の一つとして「2ちゃんねる」が生まれた。大学生のころ、その「韓国朝鮮板」などで人種差別的なデマにあふれたスレッドが立っているのをみて衝撃を受けた記憶がある。しかし当時は、このような人種差別的な書き込みをしているのがばれたら、頭のおかしい人間だと思われる空気があったし、人種差別的な書きこみは、検索エンジンにも引っかからないようなアングラ掲示板で匿名でひっそりと行なわれているだけだった。しかし、ある時期を境に、人種差別的なデマ情報が一般の情報と区別されることなく、検索エンジンの上位に表示されるようになってしまった。

その結果、単純にデマを信じてしまう人が増え、人種差別的デマ情報が再生産され続け、あっという間にネット社会は、人種差別的なデマだらけになった。ネット右翼も増え、ついには在特会のような人種差別主義者が名乗りをあげ、跋扈するまでになってしまった。

日本は一九九五年に人種差別撤廃条約に加盟したが、その後何もしなかった。インターネット草創期に、人種差別デマに対してきちんとした手当てがされていれば、現在のような深刻なヘイトスピーチ問題は起きなかったはず。真摯に反省すべきだ。

韓雅之：ここはいちばんハードルが高いエリア。なぜデマの部類がいちばんハードルが高いかというと、「在日特権」にしても、あれはデマだと私たち在日コリアンや多少の知識がある人であれば容易にわかるが、そうでない人がいるのも現実。そのなかで、デマ発言を規制するために国が介入できるのかというと、ここは非常にデリケートな話で、国が表現内容の良し悪しに介入することに非常に敏感に反応する人が多い。国が表現内容の良し悪しに介入するのではなく、そこは対抗言論に委ねるべき、と主張する人がいる。

デマの部類は、そのような主張をする人が唱える「表現の自由」との対立が激しい場面。「死ね、殺せ」といった単純な害悪告知や侮辱とは大きな差がある。

金竜介：「生活保護が優遇されている」とか「水道代がタダ」なんていう話はデマだ、と行政が否定すればいいのだから、むしろ簡単ではないか。

韓雅之：明らかなデマについてはそうだが。LAZAKで「次世代の党」（現・日本のこころを大切にする党）に意見書を出したことがあった。外国人は生活保護の受給率が日本人の八倍だなどと主張する動画に対して。

李春熙：二〇一五年、公党の活動としての「タブーブタ」とかいうキャラクター動画の内容に対し、LAZAKが公開質問状[*3]を出し、やりとりした。

韓雅之：彼らの「タブーブタ」は、「在特会」の「在日特権」と同じく、在日コリアンを日本で生きづらくするという意図がみてとれる。彼らは一応の裏づけ的なものをもっている。相当の抗議が出ることを予測してやっている。

李春熙：あたかも公的な政策論争をまとってそういう発言がなされる。公党でも、差別主義者もやっている。そこをどう考えるか。私は一本の軸として、人種差別は許されないんだ、差別の流布はよくない、という観点から、何が許されるのか、許されないのかを決めるべきと思う。そうでないと、内容があっているかどうかといった、くだらない話になる。

その意味では、今回の新法が、最後の最後に、人種差別の解消を目的としたものではなく、ヘイトスピーチの解消にとどまったことは問題がある。公権力による濫用の歯止めとするためにも基準が必要だった。

金哲敏：現在流布している人種差別的なデマは、き

＊3……LAZAKよる次世代の党への公開質問状：LAZAKのホームページの「活動報告」を参照。

ちんと勉強している人からみれば、ろくな検討もされていない、信憑性の欠片もない内容だ。しかし、断言調で書かれ、もっともらしいねつ造史料がついていたり、資料の読み方を曲解するような引用がされていたりもするので、詳しくない人間が一見して、信じてしまっても無理からぬところがある。それが続くかぎり人種差別の負の連鎖は止まらない。

ヘイトスピーチ解消法が、啓発活動の推進で対応するというのであれば、きちんとした予算をつけて、研究者を集めて、人種差別的なデマをかたっぱしから論破していくような公的機関をつくればよい。そうすれば、人種差別的なデマが流されても、「あなたのいっていることはデマだと公的機関から認定されているよ」の一言で斬って捨てられる。ネット世界から、悪意のあるデマを一掃することも夢ではないだろう。

しかし、そういう具体的な啓発ではなく、おざなりに「人種差別はいけないことです」みたいな啓発ポスターをつくるだけなら、何の意味もない。

韓雅之：この問題は、まさに表現の自由とぶつかる類型。これと「朝鮮人、死ね、殺せ」の害悪告知発言や「ゴキブリ」などの侮辱発言とがごっちゃになって表現の自由との衝突が語られているところが問題だ。「死ね、殺せ」とか「ゴキブリ」といわれて、対抗言論ってどうすればいいのか。「いや、僕たちは殺されたくありません」っていっても、まったく意味がないわけで。それすらがいま規制されていないが、このような害悪告知や侮辱的発言は、表現の自由の枠外というべきで、規制を積極的に進めるべき。規制しないと止まらない。これを野放しは明らかにおかしい。

宋恵燕：一九九六年のルワンダの虐殺事件のときも、三日間で八〇万から一〇〇万人が殺されたが、その際も、ラジオから「ゴキブリ」「殺せ」と流れていた。いま在特会がいっていることと変わりない。そうしたことを知らない人は、ヘイトスピーチは悪口なんでしょう、放っておけばいい、となる。

韓さんがいわれたとおり、不特定多数に向けて「ゴキブリ」「死ね」といっても、現行法では対処できないので、新しく法をつくるべきだと思った。今回、新たに法ができたので、これからは地方自治体の条例で具体的に規定すべきと思う。

❖地方自治体に期待されること

金竜介：東京弁護士会で昨年（二〇一五年）九月に「地方公共団体とヘイトスピーチ――私たちの公共施設が人種差別行為に利用されないために」というパンフレットを作成した。かつて山形県と大阪の門真市が、在特会への公共施設の貸し出しを拒否した例がある。行政訴訟を起こされるリスクはあるが、そこは大丈夫だと弁護士会が発信しようとパンフをつくった。

新法の成立前から、二〇〇以上の地方自治体がヘイトスピーチへの対処を求める意見書を出していた。次は、自治体が条例をつくるなりしてこの動きをつなげてほしい。

韓雅之：東京弁護士会のパンフでは、貸し出し拒否の根拠をどう説明しているのか。

金哲敏：人種差別撤廃条約では、国にも地方公共団体にも、人種差別に手を貸してはいけないという義務が課されている。そのため、地方公共団体が人種差別集会のために施設を貸し出し、これに手を貸すことは条約違反だというのが大前提となっている。

その上で、実際に人種差別が行なわれるかどうかがわからないなかで、貸し出しの是非を判断せざるをえないため、「公共施設においてヘイトスピーチなどの人種差別行為が行なわれるおそれが客観的な事実に照らして具体的に明らかに認められる場合」などの厳格な要件にあたる場合にのみ、貸し出しを拒否できるという内容になっている。

大阪府門真市の例では、市民文化会館の貸し出し申請書に「朝鮮の食糞文化を尊重しよう」というテーマの講演会であることが記載されていた。申請書に人種差別をやることが明言されていたので、これは拒否できる。

金竜介：人種差別撤廃条約から直接に個人の権利を追求するものではなく、条約から行政の義務を明確にする。だから、表現の自由とは衝突しない。

韓雅之：大阪市のヘイトスピーチ対処条例では、事前にデモや集会の内容を審査してデモや集会をやめさせることはしないことになった。人種差別をやるんじゃないかと疑われる場合でも、とりあえずさせる、そのうえで、あとでヘイトスピーチに該当するか否かを認定する、というスタンス。

金哲敏：この点については、行政がデモや集会の内容をみて、いちいちこれはやっていいとか、悪いとかいう審査をすること自体が検閲につながるからいけないという意見もある。そのため、東京弁護士会のパンフでも、行政が審査すべきだとは書かれていない。申請書に人種差別をやりますと書いてあるのに貸し出せば、それは明らかに条約違反ですよ、ということを指摘している。

申し込みの受け付けの段階で、人種差別目的での利用申請だと行政側も承知しているような事案でも、表現の自由との関係で、絶対に貸し出さなければいけないのではないかといった誤解があるかもしれないので、そこはそうではないことを明確にした。

また、人種差別が行なわれそうだが明らかにそうとはいい切れないような場合には、いきなり貸し出し拒否はためらわれるとしても、「人種差別行為をするために使用させることはできないので、人種差別行為をしないと約束するなら貸しましょう」というような条件付きで貸し出すなど、さまざまな方法があることも指摘している。行政が人種差別に手を貸さないために、さまざまな方法があることも指摘している。

宋惠燕：今回のヘイトスピーチ解消法を受けて、自治体の都市公園条例等を改正して、人種差別行為を拒否する条件をもりこむことはできるのではないか。

金哲敏：公園は、公民館のような施設とは異なり、よくデモ行進のスタート地点と指定されるような「パブリックスペース」なので、その使用に規制をかけることは、表現の自由に対する規制の効果が大きい。

その意味で、道路と公民館の中間的な位置づけとなるため、公園の使用に規制をかけることの是非については、もう少しつっこんだ議論が必要だろう。

脱原発デモのスタート地点として日比谷公園に使用申請をしたら拒否されたケースは裁判になった。

金竜介：脱原発デモのときに日比谷公園が使用を拒否したのは、デモの内容ではなく、大勢が集まることでの混乱の予測が理由とされた。

❖最後に

金竜介：私たちの目的は、ヘイトスピーチの法規制を進めること自体ではない。法律による規制が多くない社会のほうがいいと一般的にはいえる。しかし、社会の多数派が行なっている差別に対しては、何かしらの規制は必要と思う。

一ついえるのは、在日コリアンがおかれている被害の実態を日本人に知らせるのはとても難しいということ。わかってもらえないなかでどうやって共闘していくかだ。この溝は結構深い。

韓雅之：ヘイトスピーチ問題に私なりに関与して思うのは、被害者の痛みを「共感」してもらうことはとてもしんどい、ということ。ただ、あきらめたらおしまい。そこはつなげていって、大きな声にしていかざるをえない。

金哲敏さんがいわれた、国が予算を割いて研究者を集めて、デマ発言の部類についても、「これは差別煽動にあたる」と認定するようなしくみができればありがたい。どれだけ平穏に過ごせることかと思う。

本当は、そのようなしくみがなくても、ヘイトスピーチは許されない、という社会的合意が形成されて、差別主義者が自然に淘汰されていくような社会であることがいちばんよい。そういう社会になってほしい。

金哲敏：人種差別撤廃条約は、国に対して「あらゆる人種差別撤廃のための措置をとる」ということを義務づけている。人種差別撤廃委員会で「日本には人種差別がある、なんとかすべき」と勧告を出されるたびに、日本政府は、「法律をつくるほどのひどい人種差別はありません」といい逃れてきた。しかし、さすがに日本政府も、そんなことをいえる状況ではないと認めざるをえなくなった。いままで何もしてこなかったからこそ、こんなことになっているのだから、これから何をするのか、これにどう対処していくのか。みんなで知恵を出しあうステージにようやくきた。

これから何をやるか。法律で規制か、教育でなんとかするか、いろいろなアプローチはある。法規制の話ばかりが進むのは、あまり望ましいことではない。私たちは法律家なので、法規制をどうやることが実効的かという意見を出しているが、同じように、教育者や社会学者など、さまざまな専門家からの意見が出てくることを期待したい。いろんな方面からこの問題にとりくんでほしい。

宋恵燕：最近、憲法に関する本を複数の弁護士と共著で出版し、ヘイトスピーチの問題について執筆した。でも、共著者が私の原稿を、表現の自由があるからこの問題への対処は難しいという内容に書きかえた。本人としては、私の原稿を「正した」つもりだった。

つまり、昔ながらの表現の自由の議論をしていては、このヘイトスピーチの問題をのりこえることはできない。非常に時間がかかるかもしれないが、丁寧な議論をたたかわせれば、到達点は見いだせるのではないかと思う。

金星姫：ヒューマンライツ・ナウで一緒に調査をしたメンバーのなかでは、在日は私一人だけ。日本人のメンバーからの感想として、調査中、被害者から「あんたは何をしてくれるのか」と、ずっと問いかけられているように感じていたと、「日本社会の問題として動かないといけないと感じた」と聞いた。

被害者たちも、マジョリティがこの社会を変えていくという態度を示してほしいと考えていると思う。

李春熙：本書に収録したパネルディスカッションは、今回の法律がかたちになる前に行なわれたもので、先駆的で唯一無二の内容。空中戦や思考停止を超えて、具体的に何が許され、何が規制可能かをしっかり議論したことは初めてだった。

私は、現実の社会的・政治的情勢のなかで一つひとつを勝ちとっていくために一種の政治判断をすることも大事だが、一方で当事者として、ヘイトスピーチや人種差別行為は犯罪的行為であり、やった人は処罰されるべき、と声をあげることは絶対に必要と考えている。12・5のディスカッションは、弁護士や研究者がそこを理論的に裏打ちするための土俵をつくったと考えている。

金竜介：被害者が闘い続けることはつらいことだ。ヘイトスピーチの問題を、次の世代には引きつがせたくない。いまの世代で終わらせたい。これが私たちに共通する強い思いだ。

（二〇一六年五月二七日、東京・弁護士会館にて）

執筆者プロフィール
（50音順）

板垣竜太 いたがき りゅうた
1972年生まれ。同志社大学社会学部教授。朝鮮近現代社会史・植民地主義研究。
著書：『朝鮮近代の歴史民族誌』（明石書店）、『Q&A　朝鮮人「慰安婦」と植民地支配責任』（共編著、御茶の水書房）、『東アジアの記憶の場』（共編著、河出書房新社）、『日韓　新たな始まりのための20章』（共編著、岩波書店）ほか。

木村草太 きむら そうた
1980年生まれ。首都大学東京法学系教授。憲法学。
著書：『集団的自衛権はなぜ違憲なのか』（晶文社）、『憲法の創造力』（NHK出版新書）、『キヨミズ准教授の法学入門』（星海社新書）ほか。

＊

【在日コリアン弁護士協会（LAZAK）】
2001年5月、在日コリアン法律家協会として設立。翌02年6月に在日コリアン弁護士協会へ組織改編。在日コリアンへの差別撤廃、その権利擁護、民族性の回復（民族教育の保障等）および政治的意思決定過程に参画する権利（参政権・公務就任権）の確保などを活動の目的としている。ホームページ＝http://www.lazak.jp/
刊行書籍：『裁判の中の在日コリアン　中高生の戦後史理解のために』（現代人文社）、『韓国憲法裁判所　社会を変えた違憲判決・憲法不合致判決　重要判例44』（日本加除出版）、『第２版　Ｑ＆Ａ 新・韓国家族法』（日本加除出版）

金 昌浩 キム チャンホ
弁護士。第二東京弁護士会・2008年登録。米国NY州の弁護士資格も有する。
著書：『原子力損害賠償の実務』（共著、民事法研究会）ほか。

金 哲敏 キム チョルミン
弁護士。東京弁護士会・2004年登録。著書：『私立中学・高校　生活指導の法律相談――教育現場と法の対話』（共著、旬報社）ほか。

金 星姫 きん そんひ
弁護士。大阪弁護士会・2014年登録。

金 竜介 きん りゅうすけ
弁護士。東京弁護士会・1994年登録。著書：『外国人刑事弁護マニュアル』（共著、現代人文社）ほか。

具 良鈺 ク リャンオク
弁護士。大阪弁護士会・2009年登録。著書：『知っておきたい！　養育費算定のこと』（共著、かもがわ出版）ほか。

宋 惠燕 ソン ヘヨン
弁護士。神奈川県弁護士会・2006年登録。著書：『いまこそ知りたい！ みんなでまなぶ日本国憲法』（共著、ポプラ社）ほか。

韓 雅之 はん まさゆき
弁護士。大阪弁護士会・2002年登録。著書：『Ｑ＆Ａ 新・韓国家族法』（共著、日本加除出版）ほか。

李 春熙 リ チュニ
弁護士。第二東京弁護士会・2005年登録。著書：『外国人の人権――外国人の直面する困難の解決をめざして』（共著、明石書店）ほか。

ヘイトスピーチはどこまで規制《きせい》できるか

二〇一六年 八 月二五日 初版第一刷

編者 在日《ざいにち》コリアン弁護《べんご》士協会《しきょうかい》（LAZAK）

著者 板垣竜太《いたがきりゅうた》、木村草太《きむらそうた》、金竜介《きんりゅうすけ》、金哲敏《キムチョルミン》、李春熙《リチュニ》、金星姫《きんそんひ》、具良鈺《クリャンオク》、金昌浩《キムチャンホ》、宋惠燕《ソンヘヨン》、韓雅之《はんまさゆき》

発行所 株式会社 影書房
〒170-0003 東京都豊島区駒込一―三―一五
電 話 〇三（六九〇二）二六四五
FAX 〇三（六九〇二）二六四六
E-mail＝kageshobo@ac.auone-net.jp
URL＝http://www.kageshobo.com
〒振替 〇〇一七〇―四―八五〇七八

本文印刷＝スキルプリネット
装本印刷＝アンディー
製本＝根本製本

定価 1、700円＋税

ISBN978-4-87714-464-7

李信恵（リ・シネ）著

#鶴橋安寧

アンチ・ヘイト・クロニクル

ヘイトスピーチ被害者の声は届いているか。レイシストからの執拗な攻撃にネットでリアルで応戦する著者によるヘイト被害の実態と在日の歴史。

四六判 262頁 1700円

山田昭次 著

全国戦没者追悼式批判

軍事大国化への布石と遺族の苦悩

遺族の悲しみや怒り、憤りといった感情は、肉親を奪った当の国に回収されてきた。国家による戦後の国民統制と再軍事化への道程を解明。

四六判 238頁 2600円

根津公子 著

希望は生徒

家庭科の先生と日の丸・君が代

「立て・歌え」の職務命令が浸透した東京の公立学校で、「自分の頭で考えよう」と伝えてきた教員と生徒による「私たちの卒業式」奪還ドキュメント。

四六判 242頁 1700円

富永正三 著

あるB・C級戦犯の戦後史

ほんとうの戦争責任とは何か

上からの命令だったとはいえ、人間として間違った行為をした――戦後中国の戦犯管理所で過ごすなか、捕虜刺殺の罪の自覚と「侵略者としての責任」に至るまでの思想の軌跡。

四六判 272頁 2000円

金子マーティン 著

ロマ 「ジプシー」と呼ばないで

ナチスによる大量虐殺、戦後もつづいた迫害・差別と貧困。あたりまえの人権を求めて立ち上がった、「ジプシー」の蔑称で呼ばれたロマ民族のほんとうの姿。

四六判 256頁 2100円

＊

梁英聖 著

日本型ヘイトスピーチとは何か（仮）